万川
reflections

一步万里阔

制造不平等

英国社会的分化与冲突

[英] 本 · 蒂皮特　著　李岩　译

Ben Tippet

Class Divides Uncovered

Split

中国工人出版社

目录

前　言

阶级：英国打造的热销“出口品”

英国社会阶级区分严格，这一点世人皆知。绅士留着八字胡，不苟言笑；工人衣着邋遢，口音带着土气。这两类形象构成了英国阶级体系的典型代表，并成为其民族叙事中的主角。在过去百余年间，英国还一再通过刻画这两类形象，以粉饰、怀旧的基调，向全世界展示其阶级关系。

截至开始写作本书之时，史上耗资最为巨大的电视剧要数《王冠》（*The Crown*）。网飞（Netflix）推出的这部电视剧每季10集，事无巨细地刻画了英国阶级体系最高层的种种习俗规矩、人物关系与争权夺利。这部电视剧几乎将全部关注点都放在了英国王室以及精英政客身上。这些人所处的世界，与社会中的其他人是彻底脱节的。借用已故的“二战”老兵、推特红人哈里·莱斯利-史密斯（Harry Leslie-Smith）的话来说就是：“《王冠》这部剧就如同一幅名贵的画作，画上的主角全都是有钱有势的人。”

《王冠》的导演史蒂芬·戴德利（Stephen Daldry）还拍摄过另一部著名影片《跳出我天地》（*Billy Elliot*）。在这部剧情片中，戴德利不再痴迷于英国王室的炫目光芒，而是将目光对准了阶级体系的另一端，用一种温情脉脉的方式对其加以刻画。《跳出我天地》讲述了一名出身于工人阶级家庭的男孩追逐芭蕾梦的故事。故事发生在英格兰东北部，以1984—1985年的煤矿工人大罢工为背景。这部影片生动地表现了煤矿工人为保卫自己的生计而遭遇的艰辛。此次罢工声势浩大，是1926年以来规模最大的一次，共有超过14.2万名矿工参与其中，堪称英国阶级斗争史上的一道分水岭。[1]

《跳出我天地》临近结尾时的一个苦涩场景，充分传达出了此次冲突的历史意义。影片主人公比利的父亲杰基独自一人抚养着子女，他也是罢工矿工中的一员。杰基已经好几个月没有任何收入，连填饱一家人的肚子都勉为其难，就更别提供比利上芭蕾课了（每节课收费50便士）。后来，比利获得了伦敦皇家芭蕾舞学校的面试机会，他却无力支付路费。此时，艰难的选择便摆在了杰基面前：一边是孩子的前途，另一边则是工友的斗争，该如何抉择？

最终，杰基选择放弃罢工。一群罢工矿工在矿井附近拉起了纠察线，以阻止矿井开工。比利的哥哥托尼也是他们中的一员。在返工的路上，杰基和这群人狭路相逢。在一片喧嚷声中，托尼发现想要破坏罢工的人，竟是自己的父亲。又惊又恼的他一把将警察推开，追上了父亲。托尼绝望地冲父亲喊道："你可不能这么做！我们已经付出了这么多！"杰基则瘫倒在地，回答道："孩子，我们已经完蛋了。"

此类对英国阶级体系的浪漫刻画，令世界各地的观众怎么看也看不够。《王冠》会在网飞平台上陆续播出，为期10年。《跳出我天地》则被改编成了音乐剧，从韩国到美国，在世界各地巡回上演。除此之外，《唐顿庄园》（*Downton Abbey*）、《维多利亚》（*Victoria*）和《呼叫助产士》（*Call the Midwife*）等作品也为人津津乐道。由此可见，"阶级"已经成为英国的一项热销"出口品"。上述作品的共同之处在于：它们均以怀旧的基调刻画阶级，认为它属于更单纯的岁月，且早已远去。

这种处理方式反映出这一信念已深入人心："阶级"只属于过去；对于当下，它显得格格不入；对于未来，它不应指引我们的愿景。在个别情况下，人们也会从"阶级"视角出发，对"英国脱欧"或是"特朗普崛起"等重大政治事件加以解释。但此类分析也总是难脱窠臼，依旧将"工人阶级"与白人、男性产业工人等同视之。现如今，要想严肃地思考"阶级"问题，我们就需要挣脱这种怀旧情绪。而要想做到这一点，最佳途径莫过于对近来的历史回顾一番，然后扪心自问：我们对"阶级"的认识为何未能与时俱进？

新的世界秩序

经过一年的罢工，矿工们最终还是在撒切尔政府面前败下阵来。矿井纷纷被关闭，整个社区都陷入了失业的境地。在煤炭产业的鼎盛时期，全英国煤矿工人的总数超过了50万人。如今，这一数字已近乎于零。[2]关闭煤矿是重组英国经济结构这一宏大计划的其中一环。从1985年起，在如今被称为"去工业化"（deindustrialisation）的这一过程中，煤炭、钢铁、纺织、汽车制造和造船等行业的近250万个工作岗位，要么消失了，要么转移到了"全球南方”*。[3]

如此大规模的工作岗位流失，对英国工人阶级造成了沉重的打击。在这些老工业区，一个个家庭深陷贫困之中，无家可归、吸毒成瘾和长期失业等社会问题也泛滥开来。许多社区再也没能缓过劲儿来。这些地区既缺少投资，也不受关注和重视，就宛如英国历史上一道深深的伤疤。去工业化进程导致的更严重后果或许还在于，以工会为代表的工人阶级的组织实力和影响力均一落千丈。在1984—1985年的煤矿工人大罢工失败之后，英国工会成员人数就开始急剧下降。1985年，工会成员占英国全体劳动人口的比例为45.3%。如今这一比例已下降至23%。工会中年轻人的占比尤其低。在所有工会成员中，25岁以下者所占的比例还不足5%，而这一群体在全体工人中的占比达到了14%。[4]从这一角度出发，我们可以认为，杰基那句“我们已经完蛋了”，就像是献给英国工会的一句悼词。

此类重大的经济变革并非仅仅发生于英国。“全球

* “全球南方”（Global South），一般是指包括非洲、拉丁美洲和加勒比地区、太平洋岛屿以及亚洲的发展中国家。——编者注。

北方”*的工作岗位，要么遭到了摧毁，要么转移到了工资更低廉、工作条件更恶劣的“全球南方”。当我们谈论这些规模如此之大、横跨数十年之久、关乎数十亿人口生计的变革时，似乎难以想象，如何才能将个人的生活经历与选择也纳入叙事框架之中。从罗马帝国的崩溃到大英帝国的兴起与衰亡，历史长河中此类剧变比比皆是。在每个时代都存在一套主导意识形态，或是一系列支配着我们头脑的观念。在这些观念、原则和价值观的指引下，我们会对生活中的基本问题作出合乎“常识”的回答。这些问题包括：我们应该如何开展政治活动？应该由谁来参与政治事务？以及最为根本的问题——怎样的生活才算是美好的？

那么，我们正处在怎样一个时代？这一时代与阶级问题又有着怎样的关系？开启于1980年代，至今仍在全世界占据支配地位的这一时期（尽管也遭遇了严峻的挑战），名字叫作“新自由主义”时代。当今世界的方方面面，包括我们投向“阶级”的怀旧眼光，均是新自由主义的产物。要想真正地弄清新自由主义如何塑造了当

---

* “全球北方”（Global North），一般是指大多位于北美、欧洲和其他地区的更富裕国家。——编者注。

今世界，它又为何能做到这一点，我们就需要把握该意识形态的主要内容：应围绕着“个人奋斗”这一原则来组织社会。

《跳出我天地》归根结底可谓一部关于新自由主义与个人奋斗的道德寓言。在影片结尾处，比利参加了面试，并且成功地为自己在伦敦皇家芭蕾舞学校赢得了一席之地。他摆脱了贫穷，抛下了社区里工人阶级艰苦的罢工斗争，搬去了伦敦——在这里，他有机会开启一段崭新的、更加美好的人生。这部电影显然想要传达这样的讯息：人只要有才华，并且愿意努力工作，那么无论出身如何，他们都能够实现梦想，取得成功；不过要做到这一点，他们必须将某些愚蠢的念头抛到九霄云外，不要认为自己是某个阶级的一员，也不要认为和本阶级的同志共同努力便能改善大家的处境。个人奋斗为比利带来了成功，集体斗争却导致他那个社区遭遇了失败。

“阶级不再重要，其与时代已格格不入”，这种观念正是新自由主义意识形态的核心内容。世界已经变了，“未来掌握在个人自己手中”的观念正在传播，但我们对于阶级的认识并未与时俱进。就像我们对做鬼脸的孩子常说的那样：“风向一改变，这副模样就会固定下来。”新自由主义已经造成了种种变化，可我们对于阶级的认识还停留在过去，凝固于1980年代。

阶级问题还重要吗？

然而，新自由主义意识形态却面临着一个根本问题。其核心假设是，阶级问题已不再重要。但这种观点纯属幻象，经不起认真地推敲。我们只不过不再谈论阶级问题了，但这并不意味着这一问题就神奇地消失了。

我们之所以不再像过去那样经常谈论阶级问题，部分原因正在于新自由主义意识形态已大获成功。我们需要通过个人奋斗出人头地，阶级问题已不再重要——这些讯息本身就是精英手中的工具，目的则在于阻挠工人阶级迸发出集体的力量。

要想看透这其中的玄机，就不妨以2017年赢得奥斯卡奖的恐怖电影《逃出绝命镇》（*Get Out*）为例。美国表面上奉行自由主义，对各种族一视同仁，但暗地里种族主义行径猖獗依旧。这部令人毛骨悚然的影片讽刺的正是这一现实。故事从生活在纽约的一对幸福的年轻情侣说起。克里斯是一名黑人摄影师，其白人女友罗丝邀请他在周末前往自家的乡间别墅拜会她的父母。克里斯一开始有些担心罗丝的父母会戴着有色眼镜看待自己。他问道："他们知道我是黑人吗？"罗丝立刻打消了他的顾虑，她说道："不知道。但是有这个必要吗？……我父母不是种族主义者。如果可以的话，我父亲会希望奥巴马继续连任下去！"

于是克里斯便同意赴约。但在到达这座孤零零的乡间别墅之后，古怪的事情开始接连发生。虽然罗丝和她的父母一再保证自己绝不在意人们的肤色，但克里斯透过蛛丝马迹发现，他们其实怀有严重的种族偏见，且做出过残暴的行为。别墅中有两名黑人仆人负责服侍这个白人家庭，他们的举止尤为怪异。对于有黑人仆人服侍自己这件事，罗丝的父亲轻描淡写地表示，这只是个不幸的巧合："我知道这看上去很糟糕，不过嘛……"然而，当克里斯试图与这两名仆人交流时，他们却毫无反应，表现得如同脑叶被切除了一样木然。与此类似，在第二天的派对上，克里斯热情地问候了现场另一名黑人客人："在这里能见到一名黑人兄弟，可真是太好了！"结果对方却投来了并不友善的空洞目光。随着剧情渐渐推进，我们发现这一家人表面上装作对肤色毫不在意，其实只是为了将克里斯骗入陷阱。他们真正的意图是将克里斯催眠，然后再将他变成自己的又一名仆人。

人们可能会经常表示，他们并没有发现种族歧视的迹象，这种现象其实并不存在（至少如今已不复存在），或是为其导致的显而易见的后果辩护。但正如我们在《逃出绝命镇》一片中看到的，这并不意味着种族歧视现象就真的绝迹了，也不意味着少数族群就不会再受到种族主义者伤害了。一家人摆脱了种族偏见、其乐融融——这副假象仅仅是为了将克里斯骗入圈套，让他陷入孤立无援的状态，切断他与可能帮助自己、与自己站在同一阵营的人之间的联系。

这种情况与新自由主义时代的阶级问题十分相似。精英一再表示"阶级问题已不再重要"，只是为了阻挠工人阶级迸发出集体的力量；或者换一种说法，将《逃出绝命镇》一片与阶级问题的类比发挥得更进一步，那就是精英这样做，只是为了让工人阶级陷入孤立的状态，切除他们的脑叶，令其听命于自己。

有无数例子可以证明此言不虚。宛如新自由主义教科书般的一种伎俩便是，让我们所有人都自视为参与竞争的选手，输赢就取决于我们努力工作的程度。在这场游戏中我们会被告知，应该景仰那些赢家，并蔑视不愿或无力参与竞争因而可能被淘汰出局的那些人。英国前财政大臣、《旗帜晚报》(*Evening Standard*)主编乔治·奥斯本(George Osborne)在2012年接受电台采访时，用短短几句话对这一伎俩作出了精妙的概括。对于自己又一次削减了高达100亿英镑的福利预算一事，奥斯本辩解道:"人们要求富人出更多钱。但认为向富人征税就能解决问题，这纯属‘妄想’。本节目的听众出门去工作，却发现隔壁领着福利的邻居在睡大觉，这可不公平。”[5]

精英传达这一类讯息，就是为了挑动人们相互竞争。这可谓“分而治之”这套古老把戏在21世纪的翻版。精英并不关心隔壁邻居之所以在睡大觉，是不是因为他昨晚值了一宿夜班。奥斯本及其所属的阶级大可安坐在自己家中，藏身于自家公司生产的窗帘之后（要知道，奥斯本的父亲可是豪华布料零售行业的一名大商人），放心地注视着工人阶级将怒火和奚落发泄到彼此头上。

团结就是力量

在新自由主义造就的一片真空之中，右翼势力发现了机会。他们意识到，工人阶级的声音被遗忘了，于是便借用阶级话语来推进自己的政治计划。但与本书做出的“资本”与“劳动”这一区分不同，右翼势力声称，真正的阶级分裂存在于“被落在后头的传统工人阶级”与“大都会里的自由派精英”之间，后者背叛了前者，转而投入移民以及少数群体的怀抱。这套说辞直接调动了我们对于阶级的怀旧情绪，利用了我们对于过去那段纯真岁月的向往之情。而在当时，英国工人阶级毫无疑问指的就是白人男性产业工人。

是时候正本清源了。要做到这一点，我们就需要弄清，在21世纪，阶级分裂如何塑造了工作、生活以及政治的方方面面。最为关键的是，我们还需要戳穿新自由主义关于“成功”的理论，揭露出个人奋斗并不足以令我们成为才华横溢的芭蕾舞者，反而可能会导致我们沦为被切除了脑叶的仆人。富人花钱就能买到影响力和名声，工人阶级则只有团结起来，才能发出最嘹亮的声音。几千年以前的一则著名的伊索寓言，可谓对这个既简单又古老的道理最生动的诠释。

很久以前，有这样一个四口之家：父亲以及3个争吵不休的儿子。随着父亲渐渐老去，时日已经不多，他便让3个儿子拿上一捆木棍，来到自己面前。他要借此告诉儿子们一个至关重要的人生道理。他将这捆木棍牢牢束紧，然后让儿子们都试试看，能否将其折断。结果3人都做不到。年迈的父亲又将这捆木棍解开，让儿子们再试着一根根地将木棍折断。结果这一次3个儿子不费吹灰之力，很快就将这捆木棍尽数折断了。老父亲说道：“你们明白我的意思了吧。若各行其是，你们每个人都很容易被击败。但如果团结一致，你们就将坚不可摧。”

第一章

对立：资本与劳动

河马其实是世界上凶猛的动物之一。这一点或许会令人感到吃惊，因为它们虽然不会游泳，但大多数时间都在满是污泥的河流和池塘中泡澡，显得优哉游哉。然而，它们如此佛系的表象之下，却隐藏着无比彪悍的内心。河马的牙齿锋利无比；尽管体重超过一吨，奔跑速度却比人类要快得多。每年全世界都有上千人不幸被这一彪悍的庞然大物夺走生命。

河马是力量的象征。或许正是因为这一点，南非警察驾驶的装甲车才会被冠以“河马”的名号。南非喜剧演员特雷弗·诺亚（Trevor Noah）是美国当红政治喜剧节目《每日秀》（*The Daily Show*）的主持人。他还记得在自己的孩提时代，这些车辆在实行种族隔离制度的南非街头游荡的场景。他回忆道："警察驾驶着装甲车呼啸而过，就仿佛从天而降一般。我们将这些装甲车称为'河马'。它们的轮胎硕大无比，车身还带有可供开枪的小孔。我们可不敢招惹'河马'。一看到它，我们立刻撒腿就跑。"[1]

南非是世界上经济不平等程度最为严重的国家。我们之所以要从这个国家说起，由此展开对于阶级问题的讨论，就是因为说到底，人们往往会通过"阶级"这一概念，来描述与认识世界上严重的不平等现象。南非的例子向我们表明，就如同河马一样，"阶级"也是一种遍布全球、威力无穷，有时还颇为危险的事物。

矿业小镇马里卡纳（Marikana）位于烟雾缭绕的南非西北部。有大约3万人在此生活。由于地势起伏不定，人们给它取了个"罗伊科皮斯"（Rooikoppies）的绰号——这个南非语单词的意思是"红色群山"。这是个风景优美的地方。但马里卡纳的名字之所以变得家喻户晓，并非因为这一点，而是因为南非铂金产业的心脏正位于这里。当地几乎所有居民的生计，都有赖于这里丰富的铂金矿藏。

在2012年8月之前，世界对马里卡纳矿工及其家属的情况尚一无所知。南非铂金产业的业务遍布全球，在这架庞大的机器上，马里卡纳仅仅是“一颗微不足道的螺丝钉”。然而在2012年8月，小镇的矿工却迫使这架庞大的机器停止了运转，进而引发了一系列灾难性事件。如此一来，世界再也不能无视这座小镇的存在了。

一则关于资本与劳动的故事

一切开始于8月9日那个星期四。当天，在环绕着马里卡纳的“红色群山”的某个山头上，矿工们召开了一场会议。与会矿工群情激奋。他们在矿井的隧道深处从事着无比繁重的劳动，工资却十分微薄。他们通常每天都得在闷热、逼仄的地下工作12—14个小时，空气中满是爆破产生的粉尘。在这样的环境下，仅是呼吸就足以令矿工患上肺结核的风险陡增。在英国，这种疾病早在1980年代就已几乎绝迹，但在南非仍是主要致死原因之一：平均而言，每小时就有10名南非人死于该病。[2]

2012年，矿工的日工资还不足200兰德（相当于10英镑）。因此矿工们在这场会议上会达成这样的决议也就不足为奇了——他们一致决定展开罢工，直到工资水平提高两倍为止。当地铂金矿产的所有者是隆明公司

（Lonmin）。这家跨国公司虽然在南非开展业务，总部却设在伦敦。这也就意味着，需要跨越约9000公里的距离，矿工的诉求才能传入该公司掌权者的耳中。不过完全可以认为，隆明公司的经理和老板，将矿工的呼吁当成了耳旁风。

一得知发生了这起风波，隆明公司的一名高管立刻起草了一份内部备忘录，建议公司解雇所有罢工者，并且叫警察出面摆平此事。这名高管声称，公司的当务之急就在于"把这些家伙都逮起来"。[3]另一名高管则致信南非负责矿业事务的部长，要求她"动用整个国家机器的力量来搞定此事"。[4]隆明公司不想给矿工加薪，原因很简单：加薪有损公司的利润。和大多数大型跨国公司一样，隆明公司也是一家上市公司，也就是说，人们可以通过证券交易所买卖该公司的股票。每个季度，隆明公司都会计算利润，并将其发放给股东，即所谓"分红"。这种行为每年会发生4次。在2012年之前的4年间，随着铂金从马里卡纳被开采出来，并在世界市场上加以出售，总计共有6.07亿美元以"分红"的形式，被股东们收入囊中。[5]

和隆明公司一样，大多数跨国公司都会将日常业务交给一群经理打点。罢工发生之时，隆明公司的CEO伊恩·法默拒绝与罢工者会面。法默还用干巴巴的商业用语提出，隆明公司根本无力将矿工的工资提高两倍。他说道：“现时的收入不足以创造出足够的盈余，因而不足以提供所需的资金。”[6]然而，在为自己发放薪酬时，这名CEO却能找到充足的资金：仅是在2012年这一年，他的酬劳就高达933605英镑。换句话说，他一天的酬劳就相当于矿工整整一年的工资。[7]

在这起事件中，两大群体之间一系列错综复杂的权力关系在发挥着作用。其中一方是矿工，他们向隆明公司出卖自己的劳动力，以换取工资。另一方则是隆明公司的股东和经理，矿工的日常劳动都由他们掌控。谁能有活干，去何处干活，如何干活，和谁一道干活，以及何时干活，完全由这些人决定。最为重要的是，他们还掌握着资金的分配权，能够决定各人酬劳的高低。

隆明公司的经理和老板赚得盆满钵满，矿工却一贫如洗，这绝非偶然。毫无疑问，这两大群体之间关系的本质就是剥削：通过控制和占有他人的劳动，经理和老板从矿工那里获取了经济利益。剥削并非一种静态的行为，而是发生在有着天壤之别的各群体之间、持续不断的互动过程中。

一部分人占有并掌控着劳动场所，另一部分人则只能依靠出卖劳动力维生——阶级便源自经济活动中这一深刻的对立关系。在本书中，我们将把这一阶级对立称为“劳资关系”。不过，和友情等人际关系不同，这一关系关乎谁能够得到些什么，本质上就具有冲突性，而且此类冲突还很容易发展为暴力的形式。

“我们需要采取行动，以扼杀这种事情”

矿工宣布发动罢工之后的一周时间动荡无比。一方是罢工的矿工，另一方则是隆明公司、南非全国矿工联合会（National Union of Mineworkers）、南非非洲人国民大会（African National Congress）等组织的代表以及警察。从周五到周一，双方的暴力冲突共导致两名安保人员、两名工人、三名罢工者以及两名警察身亡。

到了接下来的周四，矿工们又回到了一周之前宣布发动罢工的那个山头。这一次他们的人数更多了，而这场劳资冲突也进入了紧要关头。矿工们听说，隆明公司的管理人员终于同意，倘若罢工者愿意复工，便将与其就提高工资一事展开谈判。这一次，除了在山头召开会议的罢工者，在山下还聚集着一大群荷枪实弹的警察。前一天晚上，超过550名警察光顾了马里卡纳，他们武装到了牙齿，配有“河马”装甲车、直升机等装备，外加4000发实弹。此外，警察还开来了多辆停尸车，足以搬运数十具尸体。这一不祥的迹象表明，他们此行来意绝对不善。

在上午9时至下午3时30分，一小群矿工试图与隆明公司谈判，另有约3000名矿工则在一旁等候。气氛十分紧张，矿工们都期待能有所收获。然而，参与谈判者最终只带回了坏消息。他们说道："他们会杀死我们，他们会摧毁我们，再用其他人代替我们，然后继续支付不足以改善黑人生活的微薄工资。"[8]这时，"河马"装甲车里的警察开始行动了。他们用带刺的铁丝网将矿工身处之地封锁了起来，导致其动弹不得。[9]为表示抗议，一小群矿工从山头冲了下来。他们提出，警察应该在铁丝网上留下一处开口，以便矿工以和平的方式撤离。然而，警察听闻此言后，只是举起了枪。据一名目击者描述，"最先开枪射击的是'河马'装甲车内的一名士兵。他事先并未鸣枪示警，就直接向我们开火了"。[10]短短数分钟内，有16名矿工中弹身亡，另有多人受伤。

这一切都被放置在警戒线后的电视摄像机记录了下来。这些令人毛骨悚然的影像至今仍在油管（YouTube）上传播着。在摄像机镜头之外，一群矿工设法冲到了山头西侧一小块陡峭的突出地带，在灌木丛和树林间躲藏了起来。然而，这块避难所很快就沦为杀戮之地。警察驾驶直升机和"河马"装甲车包围了这群矿工，在灌木和树木的掩护下枪杀了14人，其中大多数受害者遭遇的都是近距离射杀。[11]这成为种族隔离制度被废除以来，南非最为血腥的时刻。当一切尘埃落定之后，共计有78名矿工受伤，34人遇害。

是什么促使警方做出如此残暴的回应？马里卡纳大屠杀并非一起国家滥用暴力的偶发事件。在此次大屠杀发生之前，警方高层与隆明公司的经理就已碰过面，并就接下来的行动制订了计划。警察局长祖基斯瓦·姆博姆博在此次会晤期间的表现被记录了下来。他热切地希望镇压此次罢工。姆博姆博说道："我们需要采取行动，以扼杀这种事情。"[12]隆明公司的一名高管对此表示赞同，并对警方的强大火力大加恭维。他说道："你们的狙击手可真是令我印象深刻啊。"[13]结局此时就已经注定：他们想要一劳永逸地粉碎此次罢工，为此会采取一切必要手段。

这起事件的惨烈程度或许会令人感到惊骇，但它向我们充分揭示了，为维护劳资关系的现状，资方将动用何种规训手段。矿工试图在劳动场所自行作出决定，这种行为对劳方与资方之间既有的等级次序构成了挑战。对于这种挑战，务必作出回应。要想维护既有秩序，最为赤裸裸的应对方式莫过于让枪杆子来说话。不过，资方还常常采取暴力程度较低、效果也更明显的策略。或许我们所有人都曾在某些时候体会过那种最常见手段的滋味：倘若我们有越轨之举，便会面临被炒鱿鱼的威胁。在劳资关系中，学校、警察和监狱等权威机构可不是中立的仲裁者。正如我们在后面的内容中将要看到的，这些机构常常会站到资方一边，帮助其维护既有秩序。所有这些规训与控制手段，无不凸显了“阶级”的一项重要特征：阶级绝不是自然而然形成和得以维系的。和烘焙蛋糕一样，只有在适当的条件下，阶级次序才能保持稳定。

马里卡纳矿工起初是如何成为矿工的？

劳资关系并非自古就存在。正如我们在下一章中将要看到的，人们可能会觉得工作是一份苦差事，但又对此无可奈何。可是在人类历史上，人们赖以为生的方式并非从来都是向资方出卖自己的劳动力。这样一种组织经济活动的方式，其实是在相对较近的时期才出现的新鲜事。让我们以下述问题为例：马里卡纳矿工起初是如何成为矿工的？每名矿工的人生经历固然会有所差别，但他们的共同经历会令世界各地的人们产生共鸣。

在16世纪之前，如今被称为“南非”的这片土地还处于农业社会阶段，其人口由农民、牧民以及狩猎采集者构成。[14]这些人不挣工资，而是依靠土地维持生计，通过种庄稼或是饲养牲畜来满足自己的需求。随着欧洲探险家的到来，先是葡萄牙人，接着是荷兰人、英国人和法国人，这种情况发生了彻底的改变。1652年，荷兰人在今天的开普敦建立了定居点，如今这座城市成为南非的立法首都。1806年，英国人夺取了开普敦，并由此开始在本地区进行持续、大幅的殖民扩张。

如果说有谁堪称那一时代的化身，那么这个人就非英国殖民者塞西尔·罗德斯（Cecil Rhodes）莫属。1867年，人们在南非发现了钻石矿（当然，在欧洲人到来之前，钻石早已在南非存在了很长时间）。以此为基础，采矿行业开始变得日益兴旺。罗德斯在18岁时便进入了这一行业。在20年的时间里，罗德斯凭借这些宝石赚得盆满钵满，并建立起了一家名为戴比尔斯（De Beers）的公司。在接下来的120年间，戴比尔斯公司垄断了全世界的原钻贸易。时至今日，在全球范围内，戴比尔斯公司出品的钻石依旧是奢华的代名词，这家公司更是自诩为“钻石之家——始于1888年”。与大英帝国的扩张同步，罗德斯的公司及其个人的财富也呈指数级增长。他在致富的同时，还导致他人变得一贫如洗。在这段被称为“瓜分非洲”（Scramble for Africa）的时期，欧洲列强占领、分割并殖民了整个非洲大陆。在南非，通过一系列血腥的战争，英国殖民者以暴力的方式笑到了最后。这一系列战争的最高潮当属发生在19世纪、20世纪之交的第二次布尔战争。集中营首度被投入使用，也正是发生在这段时期。

1896年，罗德斯已经当上了开普殖民地首席大臣，并且成为世界上最富有的人。他生前最后的举动之一便是着力试图通过一项法律。这项法律有助于他聚敛起更为庞大的财富与权势。臭名昭著的《原住民土地法》（Natives Land Act）最终于1913年生效，此时距离罗德斯去世已过去了一段时间，但这项法律的基础正是他所推行的政策。开普殖民地立法机关大笔一挥，便以法律的形式，对非洲原住民占有土地的权利施加了重重限制。在开普殖民地的总人口中，非洲原住民的占比达67%，但其隔离居住区的耕地面积仅占殖民地耕地总面积的7%。[15]而隔离居住这种管理方式，则成为种族隔离制度的开端。在未来的一个世纪里，南非都被这种制度笼罩着。这项法律的意图显而易见。一旦被剥夺了土地，非洲人就别无选择，只能前往欧洲殖民者拥有的矿场和农场做工了。[16]牛津大学研究种族关系的罗德斯教授——这一教职正是以塞西尔·罗德斯的名字命名的——威廉·贝纳特（William Beinart）指出："这项法律的意图不在于把黑人从商业农场赶出去，而在于迫使他们作为工人一直留在那里。"[17]我们发现，马里卡纳矿工的后代之所以也会成为矿工，并非出于自愿，而是由于在历史上，一股股席卷全球的势力剥夺了他们赖以为生的土地。罗德斯本人的话可谓一语中的。他表示，这项法律的意图就在于“激励非洲人去劳动”。[18]

罢工：结局与遗产

马里卡纳大屠杀非但没有吓倒罢工者，反而促使他们变得更为坚决。就在大屠杀发生的次日，隆明公司的财务总监西蒙·斯科特便警告称，倘若到了周一矿工们还不复工，他们就都将被解雇。[19]然而，矿工们对他的威胁置若罔闻。罢工又持续了整整5个星期，直到取得集体加薪22%的成果后才宣告结束。加薪的幅度比矿工当初提出的诉求低了许多，但仍可谓一场重大的胜利。

拒绝继续工作，也就是罢工，会令公司的业务陷入停滞，从而极大地损害资方的利润。据说，这场劳资纠纷导致的生产停滞，令隆明公司损失了45亿兰德（相当于3.35亿英镑）。考虑到老板和经理的收入均来自该公司的利润，因此他们最终别无选择，只能向矿工让步。在马里卡纳发生的事件震动了整个南非采矿业。2014年1月，近7万名铂金矿工再次发动罢工，他们提出了和马里卡纳罢工者相同的诉求。这场争端持续了5个月之久，成为南非历史上规模最大、代价也最为高昂的一次罢工。工人们总计损失了5.65亿英镑工资，涉事公司则损失了高达12亿英镑收入。劳资双方于当年6月达成了协定。在马里卡纳大屠杀过去了将近两年之后，矿工们在那个夏日清晨于某座红色小山上提出的涨薪诉求，终于得到了彻底的满足，并惠及了数万名工友。[20]

阶级是个全球性问题

你或许会认为，我是为了凸显劳资关系所导致的不公有多严重，才精心挑选了上述事例。但实际上，隆明公司的高管与工人之间的不平等程度绝对算不上突出。参照全球平均水平，马里卡纳矿工的工资相对而言已经算是高的了，隆明公司的老板和经理相对而言则算不上多有钱。全世界超过半数人口，即43亿人，日工资都不足5美元，比马里卡纳矿工要低得多。[21]此外，与采矿业的巨头相比，隆明公司只是个小角色。在2012年马里卡纳大屠杀发生的几个月前，“www.mining.com”这家网站列出了当时全世界“采矿业顶级亿万富翁”的名单，隆明公司董事会或管理层无人上榜。在这份榜单上，高居榜首的是巴西人艾克·富尔肯·巴蒂斯塔，其身家高达328亿美元，在世界富豪榜上排名第七。

就英国当下的阶级问题而言，马里卡纳事件对我们有何启示？我们常常会认为，阶级是一种“英国特产”，它仅仅存在于伊顿公学的运动场上、白金汉宫的回廊里，或是内城区庄园的后巷间。然而，马里卡纳事件表明，资方与劳方之间的阶级对立，以及由此催生的不平等现象，在远离英国国界的地方同样存在。阶级是个全球性问题。

正如我们在后文中将要看到的，马里卡纳事件的许多特征，在当代英国同样有所表现：资产阶级无比富有，并且依旧掌控和管理着我们的劳动生活；剥削导致了不平等；政府总是乐于为富人的利益代言。更为重要的是，马里卡纳事件还表明，假如我们不理解世界上其他地方的阶级问题，也就不可能理解英国的阶级问题。这些地方的阶级问题常常深受殖民扩张与掠夺的影响。大英帝国或许早已成为历史，但曾维系着这个帝国的阶级与种族不平等状况，仍旧在日复一日地被塑造出来。本章已经举过采矿业的例子，这还仅仅是全部经济活动的一小部分。让我们仍然以此为例。“向匮乏开战”（War on Want）智库近来发布的一份报告显示，在伦敦证券交易所上市的101家矿业公司，掌控着非洲最为宝贵的矿产资源，其总价值超过了1万亿美元。[22]这些富有的白人老板就如同21世纪版本的塞西尔·罗德斯。无论是要讨论种族问题，还是要讨论环境问题，我们都需要意识到，资本是全球性的。对于这一点，那些人上人早已心知肚明。

能够跨越国界的不只有资本。英国律师詹姆斯·尼科尔曾为马里卡纳大屠杀遇难者的家属代言，帮助他们讨回公道。尼科尔本人成长于纽卡斯尔附近的煤矿小镇北沃尔博特尔。他表示，马里卡纳矿工的悲惨处境令他产生了共鸣。他着重强调了全世界许多人都曾体会过的这一共同感受：

> 我也曾站在矿区某座村庄的街道尽头，从亲戚那里接过一锅热腾腾的饭菜，然后分发给独自待在家中的孩童。这当然不能与马里卡纳的情况同日而语，可是……我知道这里的人们没有钱，也没有吃的……听上去可能显得有些感情用事，但这正是我来到这里的原因。[23]

第二章

工作：少即是多

我们曾有过这样的经历。你初次与某人见面，相互自我介绍一番，然后便发现实在是无话可说了。对话难以为继，场面开始变得尴尬。这时，你们中的一位总会提出这一问题："好吧，请问你是做什么工作的？"

"工作"是一个我们所有人都了解的话题。哪怕我们从未上过班，我们的一切行为也都仰赖于他人的付出：总得有人修理和养护道路，我们才能出行；总得有人从事生产，我们才能有饭吃、有药用、有车开、有书读。在我们的周围，工作的痕迹无处不在，但我们很少提出这样的问题：工作究竟是什么，我们又为何要工作？

有句俗语有助于解答上述问题——“讨生活”。如今提起工作，一个既不可避免又有些残酷的事实是，要想生存下去，我们就不得不赚钱。食物、衣服、水、住所——我们生活中所需的一切都已明码标价，有时候还价格不菲。暂时让我们将显而易见的特例撇开不谈（诸如出生在大富大贵之家，或是刮彩票中了大奖），要想赚钱，实实在在就只有一条路可走，即通过出卖某种东西。将所有财物都放到eBay网上出售，倒也算是一种办法，可这也就只能帮你应付房租和账单。更何况一开始你也得先有钱，才能得到这些财物。对于我们中的大多数人来说，要想在这个世界上生存下去，就不得不出卖这件东西：我们的时间。

工作是一种交换：劳动者出卖自己的时间（或者换用我们惯常的说法，“耗费自己的时间”），以换取工资。想象一下，假如你刚刚找到了一份新工作。在为这则好消息庆祝一番之后，工作合同就将摆到你的面前。乍看上去，这是一份有些乏味的文件，但实际上你应该非常仔细地阅读其中的内容，因为它详细地规定了你将要同意做些什么。用白纸黑字写就的合同条款，可谓揭示了工作的本质。它会告诉你需要出卖多少时间，以及作为回报，你能够赚到多少钱。

周末

“朝九晚五，此乃谋生之道。”[1]

出卖时间和出售手机可不一样。要想让你的时间具有价值，从而使得有人愿意购买它，你就必须为其从事某种工作，而这又需要付出努力，且具备某些技能。出门上班，在办公桌前坐下，然后终日无所事事——果真如此，你就很有可能会被炒鱿鱼。工作可不仅仅是用你的部分时间与雇主做交易，你还需要将对自己行为的控制权拱手相让。从该如何着装到在何处就座，在方方面面你或许都需要听命于雇主。

我们所有人对于听命于人都早已习以为常，因为从很小的时候起，我们就已被告知需要这样做。回想一下，在学校里度过的寻常一日，你会听到哪些命令：“系好领带！”“坐下！”“你为什么还没做完作业?”抛开数学和语文等课程不谈，在大人物面前要坐得端端正正、要令行禁止、要守时、要举止得体——这些要求无不在训练你，帮助你为工作做好准备。

从周一到周五，普通英国人每周要工作5天，每天

8个小时。然而，这是由谁规定的？一天的长度是24个小时，这是由地球的自转速度决定的。与此不同，每周由5个工作日以及2天周末组成，这并非自然的产物。事实上直到19世纪，还不存在所谓“周末”这一概念。周六只不过是普普通通的一天，与周二或周一并无不同之处。工业革命之初，在烟雾缭绕的工厂里，工人的平均工作时长差不多是如今的两倍：每日14—16个小时，令人筋疲力尽，并且只有周日是休息日。

我们都知道周一早上是怎样一种感受：死死地赖在床上，只想着把闹钟关掉，重新进入梦乡。200多年前人们的感受也是相同的，只有一点小小的区别。如今我们终究会心不甘情不愿地从床上爬起来，但早期的工厂工人的做法正好相反。更具叛逆精神的他们，会继续睡下去，把这天当成休息日。在英国，周一不去上班这一习惯已变得非常普遍，以至于人们仿效宗教人物的名字，为这一天创造了一个带有讽刺意味的专有名词：圣周一（Saint Monday）。工厂主对此当然不会感到高兴。随着“圣周一”开始发展为“圣周二”，工厂主也开始越发恐慌了。和《指环王》（*The Lord of the Rings*）中甘道夫的饰演者伊恩·麦克莱恩（Ian McKellen）的曾曾祖父等社会活动家一道，雇主向雇员提议达成下述协议：只要放弃“圣周一”这种做法，工厂就将在周六提前停工，当天的工资也不会减少。首部相关法律于1850年出台，规定周六的下班时间为下午两点（如今英国足球比赛的开球时间仍定在下午三点，原因正在于此）。数年之内，雇主与雇员便就此达成了一致。“圣周一”不复存在了，周末则应运而生。所以，下一次当你为周五终于要到来而谢天谢地之时，可千万别忘了向那些桀骜不驯、敢于在周一睡懒觉的前辈致以敬意。

过劳

“倘若你听之任之，它就会把你逼疯。”[2]

我们日复一日、朝九晚五地辛苦工作，但这其实只是平均工作时长。事实上，有些人的工作时长要长得多，另外一些人则短得多。于是问题便来了：平均而言，我们的工作时间是不是太长了？现代生活是如此的匆忙，因此提出这样的问题合情合理，这还关系到我们是否有足够的时间停下来进行思考。然而，仅是提出这一问题，就有可能导致你遭到斥责，被认为是个养尊处优、敏感矫情的人，对何谓“辛苦”完全一无所知。这样的偏见根深蒂固。那些16—25岁的年轻人，往往被认为是懒惰的一代，但事实上他们加班的时间要比任何其他岁数的人都要多。[3]话虽如此，过劳这一问题其实影响到了全体劳动者。在英国，多达四分之一的劳动者每周的工作时长要比理想情况多出10个小时，甚至更多。[4]

工作时间过长会导致人们的身心健康承受巨大的压力。健康与安全执行局（Health and Safety Executive）是一家负责监督工作场所安全状况的政府机构。据该机构表示，人们请病假的最常见原因并非患流感或宿醉，而是工作导致的压力过大与心理疾病。[5]要求缩短工作时长并不是因为我们懒惰，而是为了维护我们的身心健康。而且，自“工作”这一概念（用时间换取金钱）问世以来，人们便一直在提出这样的要求。

带薪休假

“存在一种更美好的生活。你对此也很向往，不是吗？”[6]

我们都热爱度假。但与在海滩上度假相比，还有更美妙的事情，那就是带薪在海滩上度假。在英国，带薪休假是法律规定的一项权利。但法律作出了这样的规定，并不意味着这项权利便会得到充分落实。每12名劳动者中就有一人未享受到带薪休假这项合法权利。这些劳动者往往是女性以及有色人种（在本书第九章分析种族问题时，我们还将进一步讨论这一点）。[7]

美国的情况比英国要糟得多。在美国，法律并未要求公司给予员工带薪休假。2015年，美国政府曾提议修订法律，令所有劳动者至少能享有5天带薪休假（在英国，全职劳动者带薪休假的最低天数是28天）。但资方连如此卑微的请求也不愿满足，他们抱怨称，这样一来失业率就将上升。[8, 9]换句话说，世界上最富裕的国家认为，自己无力给予劳动者至少为期一周的带薪休假。而在英国，自1938年以来，带薪休假便成为法律规定的一项权利，而且对失业率并未产生可觉察的影响。

为何1938年在英国发生的事情，无法在今天的美国重演？对于英国而言，1930年代是一段相当动荡的时期。整个国家正处在与纳粹德国开战的边缘，而且在1929年的经济大萧条之后，已经历了长达10年的经济下行期。在劳动者中，只有极少数特殊人群，即监工和经理，才能享受到带薪休假。对于其他所有人而言，度假和过节就意味着失去收入。大多数（但并非全部）劳动者之所以能在1938年获得带薪休假的权利，归根结底就是因为长期以来他们一直在为此进行斗争。

从1911年起，工人就开始向政府和资方施压，希望通过修订法律，每年至少获得两周带薪休假。在这场运动中，“辛苦又可怜的英国家庭主妇”这一形象占据着中心位置。[10]为说服英国公众接受带薪休假这一主张，工人们提出，这有助于辛苦持家的家庭主妇暂时放下无酬的家务劳动，喘上一口气。《每日先驱报》（*Daily Herald*）——这家报纸起初由工人组织资助，后在1964年改头换面，成为《太阳报》（*The Sun*）——以“为母亲放个假”（Time Off for Mother）为题，发表了一系列文章，为女性如何在离家时解决做饭问题支招。

在那个年代的女性主义者推动下，无酬家务劳动的重要性和价值均受到了认可。1937年7—8月，妇女们在英国多个度假胜地开展了“海滨运动”（Seaside Campaign）。她们共发放了超过100万份传单，召开了超过150场会议，要求赋予所有劳动者享受带薪休假的权利。这场运动的目标人群是正在度假的中产阶级家庭。这一策略取得了良好的效果。不过，将关注点集中在英国家庭主妇身上，也进一步强化了主流性别观念与性别偏见，直到如今这些偏见依旧挥之不去（我们将在下一章中更加详细地讨论这一问题）。这场运动强化了这样的观念：值得人们向往的“正常”家庭由一对异性恋伴侣组成，其中男主外，赚取工资；女主内，从事无酬的家务劳动。

即使在当时，这种“女性操持家务，男性挣钱养家”的观念也与英国各地的现实情况并不相符。女性既要操持家务，也要外出工作。从工厂里的体力劳动到清扫保洁，她们什么活都能干。还有许多女性要么是单身，要么是单身母亲，家中并没有“挣钱养家”的男性。而且无论是在工作场所还是在社会上，她们都会遭遇严重的性别歧视。比如说，当时许多英国工会都不接纳已婚者，这就意味着对女性而言，一旦结婚就将失业。到了1939年，随着这场运动的势头越发迅猛，政府和资方也开始接受带薪休假这一主张。他们从自己的角度出发，提出了支持这种做法的理由。他们认为，带薪休假有助于提高劳动生产率，还将为旅游业提供新的商机。政府和资方最终推出了一项法律，令数百万劳动者获得了为期一周的带薪休假。如今回过头来看，劳动者无疑取得了胜利，但还远远不够。首先，这场运动的目标是获得为期两周的带薪休假，这一要求并未被满足。更为重要的是，尽管这项法律规定所有劳动者都享有带薪休假的权利，但关于哪些人算是“劳动者”，它却施加了重重限制，对女性备加歧视，并且将许多人都排除在外。临时工和家政从业者通常以女性为主，但这两类劳动者并不在这项法律的覆盖范围之内，因此在执法者的眼中，她们也就不被视作真正的“劳动者”了。这项法律之所以会作出如此不公的规定，无疑应部分归咎于这场运动为了凸显“家庭主妇”的模范形象，贬低了女性在工作中实际发挥的作用，从而强化了种种性别偏见。

无保障工作

“勉力维生，只有付出，没有回报。”[11]

到目前为止，我们一直在讨论工作时间过长这一问题，以及维持工资水平不变、缩短工作时间这一诉求。这两项内容之间有着错综复杂的关联。然而，在截然相反的方向上，与工作相关的另外一个问题在全世界范围内引发了人们的担忧，那就是找不到足够多的活干、工作没有保障。

在很大程度上，无保障工作暴露出工作时长会令人产生严重的脆弱感。也就是说，你会对能够将多少时间用于工作感到不安。最能引发这种脆弱感的莫过于零时工合同（zero-hour contract）了。让我们重新拾起本章开头曾提及的那份工作合同。想象一下，你正在翻阅合同的内容，无意中瞥到了对于工作时长的规定。假如并未对你的工作时长做出保证，那么这就是一份零时工合同。也就是说，尽管签署了一份工作合同，但你每周都需要重新与雇主就工作时长达成一致。近年来，这一类合同的数量急剧增多。与2002年相比，2017年签署此类合同者的人数增加了4倍多。此外，从达美乐比萨店到白金汉宫，各种机构都在使用此类合同。[12]

雇主常常声称，零时工合同对劳动者更有利，令他们得以摆脱单调、乏味的朝九晚五工作制的束缚，在自己乐意的时候才去工作。“今天想干点儿活吗？棒极了！还是说想要干点儿别的事情？同样棒极了！”

然而，此类合同的实际效果与此截然相反。如同开关水龙头一样随意决定工作与否的权力，几乎完全掌握在雇主手中。一旦签署了零时工合同，那就意味着你需要在老板希望你工作的时候去工作。这常常意味着你找不到足够多的活干。在零时工合同工中，希望工作更长时间者所占的比例是正式工的3倍多。[13]此外，假如你想要换一天班，去公园里晒晒太阳，那么你将因此遭受严惩。超过三分之一的零时工合同工都曾遭受过这样的威胁：如果你拒绝工作，那么以后就别指望接到活了。

为零时工合同辩护的人士还表示，这类合同的问题其实微不足道：真正的问题不在于人们的工作时长是否有保障，而在于他们是否能够找到工作。换句话说，为零时工合同辩护的人士认为，只要能压低失业率（希望就业但无法找到工作者占总劳动人口的比例），那么零时工合同就没什么大不了的。2019年，只要打开电视，就总能听到媒体专家、经济学家和政客异口同声地表示，英国的失业率正处于历史最低水平，因此归根结底，零时工合同是有利于老百姓的。然而，仅仅关注失业率会忽视这一事实：许多新增就业岗位无法提供足够高的工资或是足够多的活，不足以满足就业者衣食住行方面的需求。数据显示，如今在英国，找不到足够多的活干的人数，已经超过了失业者的人数。2014年，希望在现岗位上工作更长时间者的人数，超过了失业者的人数，自有记录以来，这种情况还是第一次发生。[14]近来发布的一份报告显示，在英国，每6名劳动者中就有1人（总计510万人）从事的是工资低、不安稳的工作。这些劳动者要么工作时长无保障，要么属于派遣工、临时工，或是从事季节性或时令性工作但渴望转为正式工的劳动者，要么是收入低于基本生活工资水平的自我雇佣者。这些人在总人口中所占的比例已非常高。[15]当前有这么多的劳动者就业状况都如此不安稳，这就难怪仅仅找到一份工作仍不足以令人摆脱贫困的处境。尽管2019年英国的失业率创下了历史新低，但在职贫困率达到了20年以来的最高水平。[16]超过半数（58%）贫困人口都来自有工作的家庭，相较之下，在1990年代这一比例仅为37%。[17]如果说找工作归根结底就是为了维生，那么显而易见的是，我们遇到了大麻烦：工作不再能帮助人活下去了。

工作至死

“无论他们怎么称呼它，这都是一场富人的游戏。你辛苦一辈子，只不过把钱塞进了富人的口袋里。”[18]

亿万富翁沃伦·巴菲特有句名言，可谓精辟地概括了经济活动是怎样将人们分化为不同阶级的（我们将在本书第四章中更加详细地考察此人）。按照巴菲特的说法，我们生活在这样的制度下：“如果你没有找到一个当你睡觉时还能挣钱的方法，你将一直工作到死。”

我们仅仅考察了“带薪休假”和“周末”这两个案例，但除此之外还存在许多例子，比如八小时工作制、退休年龄、平均工资标准、退休金、病假工资、税收、组建工会的权利、失业补贴、医疗保障等。上述内容决定着我们需要工作多长时间，反映了经济活动中不同阶级之间，即出卖时间的群体与在睡梦中赚钱的群体之间，也就是劳动与资本之间的实力对比。

目前劳资双方正处于微妙的均势状态。倘若局面倒向资方，那么我们的处境就可能日益恶化：工作越来越繁重，生活节奏越来越快，退休年龄将延迟到75岁——在写作本书之时，英国政府已经提出了这样的建议；要知道，英国最贫穷地区男性的预期寿命尚不足75岁。[19]倘若我们能使局面倒向劳方，我们就有可能缩短工作时间。就这一点而言，最有力的主张莫过于要求实行每周4天的工作制。很久以前，工人曾通过在周一赖床的方式来为自己争取闲暇时间。要求实行每周4天的工作制，正是那一古老斗争的延续。

但问题也随之而来："劳方"一词究竟包括哪些人？顾名思义，工人阶级指的就是不得不通过工作来维生的那些人。对于工人阶级的这种定义自然是十分宽泛且粗略的。在某些方面，如此宽泛的定义是件好事，因为这有助于我们将阶级视作现代经济活动中的一股核心动力，而不是怀着过时的想法，认为其仅仅体现在平顶帽或工装这一类服饰上。在客服中心接听电话，在护理院照料他人，在超市整理货架，在学校教学生们化学，在酒店前台接待客人，骑着车送外卖——他们都是现今英国工人阶级的一员。这个阶级范围广泛、类别繁多、种族多元、人数众多但组织程度很低。劳方是否有力量向资方发起挑战，为自己争取更美好的生活，就取决于他们的组织性能有多强。另外，在以如此宽泛的方式界定工人阶级的同时，我们也不应该忽视“劳方”内部深刻的不平等现象。有许多工资高、待遇好的中产阶级人士，其实依旧是在依靠工资维生，不过与穷人相比，他们的境遇要好得多。此外，性别、种族、性取向和身体健全程度等因素，也会导致巨大的差别。接下来，我们就将讨论性别导致的不平等问题。

第三章

性别：当心，男女有别！

说起新闻行业，BBC（英国广播公司）算得上整个英国传媒建制的核心机构。除了报道最近的政治危机，BBC自己偶尔也会深陷丑闻之中。例如在2017年夏天，便发生了这样的情况，BBC本身成为摄像机和评论员对准的焦点。BBC在将所有员工薪酬状况公之于众的同时，也在不经意间将这一问题暴露在了世人面前：在BBC内部，男女员工收入差距巨大。

BBC的明星主持人身处行业顶端，收入不菲。大多数报道关注的都是这一群体内部的收入差距问题。公布的文件显示，在该公司收入较高的主持人中，排名前七的全都是男性。位居首位的是《极速对决》(*Top Gear*)节目前主持人克里斯·埃文斯（Chris Evans），他当年的收入高达225万英镑。收入最高的女性明星主持人则是《舞动奇迹》(*Strictly Come Dancing*)节目的克劳迪娅·温克尔曼（Claudia Winkelman）。相较之下，其薪酬仅为埃文斯的五分之一。

男女间的收入差距问题不仅限于BBC，社会中所有经济单位几乎概莫能外。在统计学上，“男女间的收入差距”衡量的是男性与女性劳动者收入中位数的差距。假设将所有劳动者按其收入水平从高到低排成两队，一队全都是男性，另一队全都是女性。那么“男女间的收入差距”衡量的就是两队队伍正中间那两名劳动者的工资差距。英国的“男女间的收入差距”为20%。也就是说，男性队伍正中间的那名劳动者每挣到1英镑，女性队伍正中间的那名劳动者就只能挣到80便士。[1]

正如BBC这一案例所表明的，人们在讨论“男女间的收入差距”时，关注的往往都是收入丰厚的男男女女，诸如好莱坞明星，或是跨国公司的CEO。这些争论常常只在意精英阶层内部男女间的收入差距，对于其他问题，比如富裕男性与贫穷女性境遇上的差别，却不闻不问。考察精英阶层内部男女间的收入差距，的确有助于我们意识到性别偏见真的是无处不在。比如说，近来就有人针对这一问题展开了研究：在各行各业的顶端，为何鲜见女性的身影？该研究发现，总体而言，人们往往认为男性“理智且果断”，这正是领袖人物应具备的素质；而认为女性“情绪化、井井有条，且道德观念强”。[2]不过，质问为何某些百万富翁（富有的女性）不如另外一些百万富翁（富有的男性）富裕，这与大多数女性的生活并无任何关系。能够当上跨国公司CEO，或是成为BBC著名主持人的，只是极少数人。正如记者唐·福斯特所言：“数十年来，某些女性主义运动仅仅是将有多少女性跻身社会顶端当作衡量自身成功与否的标准，对身处社会底层的众多女性却毫不在意。”[3]是时候将关注的焦点转移到普通人身上来了。

是什么原因导致男女收入存在差距？要想解答这一问题，我们就不能只关注精英阶层内部男女收入的不对等，而必须思考这一问题：极具父权制色彩的整个经济制度和阶级体系，是如何维系性别不平等状况的。

人们经常会将“男女间的收入差距”与“同工不同酬”混为一谈。这两个问题存在关联，但并不是一回事。前文曾提到，克劳迪娅·温克尔曼和克里斯·埃文斯的收入存在差距，这就是“同工不同酬”的典型例子。很难找出合理的理由，来说明《极速对决》节目主持人的价值就是要比《舞动奇迹》节目主持人的价值高出4倍；考虑到在埃文斯接手之后，这档赛车节目的收视率便一落千丈，就更是如此了。温克尔曼和埃文斯做着相似的工作，收入却存在巨大差距。导致此类不平等的原因可能有很多，比如雇主明目张胆地歧视女性，或是由于对性别偏见耳濡目染，女性劳动者不太敢于提出加薪的要求。关于“男女间的收入差距”究竟在多大程度上是由“同工不同酬”现象造成的，目前尚无定论，但有一点是确凿无疑的：即使彻底实现了同工同酬，男性与女性的收入也依然会有相当大的差距。[4]可见，还有其他因素在作祟。

“隐藏人物”：男女“各司其职”

在我们身处的经济制度下，各种职业也带上了性别的烙印。有些工作被认为专属于男性，另外一些工作则被认为专属于女性。亚当·斯密曾提出著名的劳动分工理论（要想了解这一理论，你只需要看一眼20英镑纸币的背面）。在我们的经济活动中，除了存在劳动分工，还存在性别分工，比如律师与秘书、医生与护士、经理与出纳，以及程序员与护工。

为何会形成男女“各司其职”的现象？我们在前

文中曾提到，人们往往怀有这样一种性别偏见，即认为男性是冷静、理智和果敢的领袖人物，女性则被视作情感丰富、心思细腻的从属者。简而言之，正是这种偏见维系着男女分工的格局。我们从小就会被灌输这些观念，通过媒体报道、日常玩笑、职场忠告、书籍电影等渠道，此类想法又会被不断强化。于是，需要施展领袖才能或是运用智慧的工作岗位，就会被男性所主宰；与家务相关的职业，诸如护理与清洁，或是更具辅助色彩的岗位，诸如秘书、教师和护士，传统上就多由女性从事。单就英国的情况而言，超过四分之三的女性劳动者从事的都是以字母C打头的五大传统女性行业，即护理（care）、行政文员（clerical）、零售业出纳（cashiering）、餐饮（catering）以及清洁（cleaning）。[5]

假如这些女性行业的工资水平与男性行业大致相当，那么“各司其职”就并不会导致男女收入有别。但在现实世界中，传统观念认为应由女性从事的那些工作，平均工资却要低于主要由男性从事的工作。[6]这样一来，一个与工作及阶级问题相关的根本问题便摆在了我们面前：为何某些岗位的工资水平要高于其他岗位？主流经济学告诉我们，工资水平反映了劳动者的生产率。也就是说，劳动者技能越熟练、受教育程度越高、经验越丰富、能创造的利润越多，他们获得的回报也就越高。但这种观点忽略了这一事实：工资水平还会受到社会以及政治权力关系的左右。在当下这个父权制社会中，女性从事的行业工资水平之所以较低，不是因为这些工作对技能的要求较低，也不是因为它们对总体经济活动的贡献较少，而正是因为它们被视作应由女性从事的工作。

历史上，有一项职业起初被认为应由女性从事，后来其性别色彩却发生了转变。要想清晰地认识到上述结论的正确性，就不妨以该职业为例。借用詹姆斯·布朗（James Brown）的话，如今科技行业是“男性的天下”。以美国为例，在与计算机以及数学相关的行业中，女性劳动者的占比仅为26%。[7]在这一行业中固然也存在剥削，[8]但程序员的地位和收入是清洁工或护理员难以望其项背的。不过，科技行业的情况并非向来如此。2017年的电影《隐藏人物》（*Hidden Figures*）改编自3名黑人女性的真实经历。在“阿波罗计划”筹备期间，她们曾为美国国家航空航天局（NASA）工作。正如这部影片所描绘的，在过去，电脑编程曾被视作应由女性从事的工作。这部电影以苏联于1957年成功发射首颗人造卫星作为开篇。苏联的科技成就令西方产生了严重的危机感。肯尼迪于1961年就任美国总统时便向国会表示，到了1960年代末，美国将完成一项不可思议的任务，即

“把人类送上月球，再将其安全地带回地球”。但在太空竞赛起初的数年间，美国一直落后于苏联。苏联分别于1961年和1963年率先将男性和女性宇航员送入了太空。而美国直到20年之后才实现了后一项成就。

《隐藏人物》讲述了曾参与“阿波罗计划”的黑人女性程序员与数学家那段已被遗忘的经历。从进行演算到为早年间的计算机编程，这些繁重的高技术工作大多是由这几位女性完成的，以至于众人为她们取了个“电脑”的雅号。然而，由于这3台“电脑”既是黑人又是女性，尽管她们的工作其实极为复杂，对智慧要求极高，且极具挑战性，但仍会被轻蔑地认为对技能要求不高，单调乏味，与文书工作别无二致。

“身为女性”的感受是多种多样的。与白人女性、顺性别女性相比，黑人女性或跨性别女性显然会有着截然不同的体验。比如说，如今在英国，有色人种女性在经济方面遭遇的不公，就要比白人女性严重得多，福利削减对其造成的伤害也要大得多，甚至即使获得了大学文凭，其收入仍要低于没上过大学的白人女性。[9]和今天的情况很类似，身为于1960年代生活在亚拉巴马州的黑人女性，就不得不面对美国的种族主义和性别主义偏见。正如电影《隐藏人物》所反映的，当时美国国家航空航天局内部仍在实行种族隔离制度，有色人种女性员工甚至不得与白人女性员工使用同一个洗手间。

随着时间的推移，电脑技术变得越发先进，其在日常生活中发挥的作用也越发重要。此时，男性渐渐成为这一领域的主宰。研究者对自1980年代起男性为何能主宰编程行业进行了考察。他们发现，这一行业中男性数量的增多，与个人电脑的普及是同步发生的。父母往往更愿意为儿子而非女儿购置个人电脑。于是早在进入大学学习计算机之前，男孩们在这一领域便赢在了起跑线上。“计算机技术乃男性专长”的观念，也随之流传开来。[10]

如果说《隐藏人物》这部电影向我们传递了某种激进的讯息，那就是哪怕最具开创性、最为重要的工作，也会轻易遭到遗忘和贬低。正如清洁工、护士、教师当下的待遇一样，社会正常运转不可或缺的某些重要职业，工资水平实在是过低了。有些人可能认为，银行家、学者和CEO的收入之所以更高，是因为他们为经济作出的贡献更大。可是我们必须牢记这一点：工资水平不仅取决于劳动生产率，还会受到权力关系的左右。想象一下，假如伦敦金融城里的对冲基金经理决定集体辞职，接下来会发生些什么？实际上这究竟会对我们的生活造成多大影响呢？我固然相信，一旦无人从事这些工作，经济的确会受到一定损失，但认为世界将就此变得更加美好这一想法也绝非不可理喻。让我们再以负责照看老人、儿童与病患的护理员为例。想象一下，假如他们全都停止工作，又会发生些什么？毫无疑问，我们的社会立刻就将遭受沉重的打击。

无酬劳动：劳身又劳神

导致男女间收入存在差距的因素，不只出现在工作场合。在上一章的开篇，我们曾提出这一问题：在人生旅途中，大多数人要如何做才能生存下去？我们得出的结论是，他们必须通过出卖自己的时间来换取一份工资。但问题又来了：在你长大成人之前，以及在你能够自食其力之前，又该由谁来照顾你呢？想想看吧，在你长大成人期间，为了照顾你需要刷多少个餐盘，需要洗多少件衣服，需要打扫多少次房间，需要去多少趟超市，又需要接送你上下学多少次。在世界上的大多数地方，从事上述劳动的人通常都是女性，而且她们往往还无法从中获得任何报酬。

这些无酬家务劳动是导致男女间收入存在差距的一项重要因素。平均而言，养育子女会导致女性的收入大幅下降，对男性收入水平的影响却微乎其微。之所以会出现这种情况，并不是因为一旦养育了子女，女性的工作能力就会大幅下滑。主要原因在于，为了照顾孩子而不得不经常请假，甚至转而从事兼职工作的，往往都是女性。[11]我们在上一章讨论带薪休假问题时就曾提及，长期以来人们一直认为只有女性才应承担家务劳动，“男主外、女主内”的观念更是可以追溯至雇佣劳动出现之初，即资本主义滥觞之时。

尽管生活在现代社会的人们会觉得难以想象，竟还存在资本主义以外的经济制度，但实际上这种制度绝不是自古以来一直存在的。就如同罗马帝国一样，资本主义制度有其起点，也有其终点。在资本主义制度建立之前，存在于英国的是封建经济制度。当时农民占据了人口的绝大多数。身为农民，就必须依靠土地过活，他们需要耕种土地、兴修水利、砍伐木材。农民并不富有，但能够满足基本生活需求：有饭吃，有水喝，有房住，还有社群可以依靠。从1217年的《森林宪章》（Charter of the Forest）开始，在数百年时间里，英国法律一贯保障农民享有这一“栖息的权利”。[12]然而进入15世纪后，情况开始发生变化。封建领主（占有土地的贵族）渐渐意识到，他们可以通过将公地（common land）据为己有来增进自己的财富。他们将农民赶走，在公地四周筑起栅栏和篱笆，将其变成了庞大的农场与牧场。接下来，最为勤劳、能干的农民会被贵族雇佣，在这些农场和牧场上干活，这使得土地所有者的收成和财富都大大增加了。剩下那些农民则不得不自谋出路。既然已无权再使用维生所必需的木材、河水与土地，他们就势必会举步维艰。

这场被称为“圈地运动”的“大转型”催生了世界上首个劳动力市场，以及一群需要依靠挣工资维生的流离失所者。当前英国阶级体系的源头便可追溯至这一时期。正如我们在本书第一章中曾看到的，在建立全球资本主义体系的过程中，“圈地运动”这段历史还将在南非的各块殖民地上重演。不过，发生于这一时期的“大转型”还不仅限于此。[13]在同一个时代，欧洲各地有数十万女性遭到有组织的迫害，她们被追捕、折磨，甚至被处以火刑。如今我们将这一事件称为“猎巫运动”。学者兼行动人士西尔维娅·费代里奇（Silvia Federici）指出，对于实现将女性禁锢在家中这一目的，“猎巫运动”发挥了重要的作用。在封建制度下，女性也要参与田间劳动，也是集体财富的创造者。但随着“猎巫运动”的兴起，情况渐渐发生了变化。曾经和男性一道参与田间劳动的女性，如果继续和男性一起下地干活，便会被污名化。此外，在“猎巫运动”导致的恐慌气氛下，女性还被剥夺了在公共场合发声的权利。

教会与国家机器联手，发动了一场以女性为目标的战争，目的就是掌控她们。[14]这场行动还致力于掌控女性的生育力，并落实这样的理念：女性就应该待在家中，负责养育新一代劳动力。显而易见的是，所谓“女巫”根本就不存在。被处以火刑的那些女性贵贱不一、背景各异，其中许多案例都与“另类疗法”有关，诸如堕胎、避孕，以及利用自然物质来治疗与月经及雌性激素相关的生理问题。还有一些女性之所以遭到迫害，则是因为她们单身、有私情、是同性恋，或者仅仅因为她们不愿意生孩子。简而言之，被处死的女性大多都在某些方面违背了这一期望，即“女人就该结婚，就该待在家中，就该生儿育女”。

在此后的数百年间，关于女性的此类偏见被进一步强化。尽管世界各地的女性主义运动对此发起了强有力的挑战，但这些观念至今依旧并未消散。正如费代里奇所总结的：“家务劳动不仅被强加给了女性，它还被塑造成了一种符合女性生理与性格特征的天然属性，变成了女性的内在需求与渴望，并被认为根植于女性特质之中。”[15]如今，男女所承担的家务劳动依旧极不对等，这一情况明白无误地佐证了上述结论。以英国为例，就照看子女而言，女性承担了超过74%的工作量；平均来说，女性每周要从事26个小时的无酬家务劳动，[16]几乎达到了男性每周家务劳动时长的两倍。[17]由此可见，资本主义对女性的压榨真可谓应了莎士比亚那句著名的台词："加倍又加倍，劳身又劳神！"

男女收入存在差距这一问题由来已久。主张男女收入平等的要求，触及了阶级体系的核心。此前我们仅仅探讨了劳资关系以及工作问题。除此之外，我们又回顾历史，考察了女性在家庭内外所从事的劳动是如何遭到贬低的——尽管此类劳动堪称经济活动的基石，少了它经济就无法正常运转。由于在资本主义制度下，上述这些劳动都发挥着至关重要的作用，所以我们务必牢记，并非只有通过工作挣工资的人才是工人阶级的一员。作家雷妮·埃多－洛奇（Reni Eddo-Lodge）在《我为何不再与白人谈论种族问题了》（*Why I'm No Longer Talking to White People About Race*）一书中写道："当我们想到工人阶级时，头脑中便会浮现出某种形象。但我们现在需要重新描绘这一形象。它不应再是头戴平顶帽的白人男子，而应是推着婴儿车的黑人女性。"[18]正是推着婴儿车的母亲们所从事的无酬看护劳动，创造出了经济活动不可或缺的基本要素，即人本身，其比石油、数据或货币都更为重要。因此，与简单地就工作岗位的性别配额作出规定或是要求提升薪酬透明度相比，消弭男女间的收入差距事关更为复杂的结构性问题。要想切实缩小这一差距，我们需要向女性的劳动被贬低这一痼疾发起挑战，并打破种种性别偏见。因为正是这些偏见，导致在经过了这么多个世代之后，男女间的收入差距依旧顽固地存在。

第四章

财富：谁想成为亿万富翁？

马克·扎克伯格、比尔·盖茨、杰夫·贝佐斯、凯莉·珍娜、埃隆·马斯克以及特朗普——这些身家亿万的名流，是这个世界上最为家喻户晓的人物。财富为他们带来了名声，名声又为他们带来了更多财富。这佐证了经济学家亚当·斯密早在1759年便已得出的结论。他是这样说的："富人对其财富感到自豪，因为他们觉得财富自然而然地会促使整个世界都关注他们。"[1]如今，财富不仅会吸引我们的关注，还会获得我们的仰慕。无论是主流经济学家还是政客，都一再对我们表示，最富有的那些人之所以能登上社会的顶峰，完全是因为他们配得上这份殊荣，他们凭借勤劳、才智与创造力，建立了公司，推出了富于创意的产品，行销全世界，满足了数十亿人的需求与渴望。你能够随时随地与朋友保持联系，要归功于扎克伯格创建了脸书（Facebook）；你躺在床上就可以上网购物，要归功于贝佐斯建立了亚马逊公司。经济学家和政客告诉我们，总而言之，这些富翁变得越富有，我们也就会生活得越幸福。毕竟俗话说得好：水涨船高。

目前，世界上共有2000多名亿万富翁。他们的财富总值超8万亿美元。[2]上述说法或许认为，这些富翁都配得上坐拥如此巨额的财富，而且这些人上人挣得越多，其他人也就会生活得越幸福。然而，事实真是如此吗？要回答这一问题，我们就需要考察几位顶级富豪的生平，探究其巨额财富源自何方，并弄清对于其他人而言，这些财富又究竟意味着什么。

富有的家伙

让我们从名声最差、人品最低劣的那一类富豪说起。这些人之所以能够登上亿万富翁的榜单，完全是通过施暴、偷窃或非法侵占他人财物等行径。丹·格特勒（Dan Gertler）就属于这一类亿万富翁。在刚果民主共和国内战期间，他靠着在该国从事钻石贸易赚到了亿万财产。刚果民主共和国内战是“二战”结束以来最为血腥的一场战争，共导致超过500万人丧生。短短3年之内，格特勒的生意就令刚果民主共和国蒙受了超过13亿美元的损失。联合国更是将他垄断钻石贸易的做法称为“一场噩梦”。讽刺的是，格特勒聚敛的私人财富总额大致就是13亿美元。这一数值相当于刚果民主共和国年度医疗与教育开支额的两倍。要知道，这个国家的赤贫人口多达8134万人。[3]

亿万富翁榜单上另一个卑劣的人物要数绰号为“矮子”（El Chapo）的华金·古斯曼（Joaquin Guzman）。这名臭名昭著的墨西哥大毒枭是锡纳罗亚贩毒集团（Sinaloa Cartel）的首领。古斯曼曾两度越狱。在写作本书之时，他正在美国等待接受审判。他被指控犯下了一系列令人瞠目结舌的罪行，包括花1亿美元收买墨西哥总统，将自己的对头活埋，因某人未与自己握手便将其灭门，以及分四批总计向美国偷运了3.28亿小包可卡因（相当于美国人均一小包）。[4]

还有些亿万富翁是含着金汤匙出生的。他们并非都乐于承认，自己之所以能如此富有，纯粹是因为幸运。澳大利亚亿万富翁吉娜·莱因哈特（Gina Rinehart）继承了一个矿业帝国。她的这番话引发了一片哗然："如果你忌妒比你更有钱的人，那就别只顾着抱怨。去做些什么吧，去亲手赚更多钱吧，少花些时间抽烟、喝酒、闲聊，多花些时间工作吧！"[5]此人每秒钟就能挣上600美元，却宣称澳大利亚人"应该对不足2美元的日工资感到心满意足"，许多人都觉得这未免也太讽刺了。

接下来该轮到那些因为生活奢华而声名远扬的亿万富翁了。要论生活的奢华程度，印度石油大亨穆克什·安巴尼（Mukesh Ambani）可谓独占鳌头。他斥10亿美元巨资，在孟买建造了一幢高达27层的豪宅，配有3个直升机起落坪以及600名工作人员。而在孟买这座城市，42%的人口都生活在贫民窟里。

在这份包含了2000多名亿万富翁的榜单里，像邦德电影中的反派形象比比皆是。我们或许可以将其称为资本主义的"不光彩一面"。其中某些人的业务的确是非法的，另外一些人的贪欲则十分过分，以至于就连资本主义经济制度最为坚定的拥趸也会觉得难以为其巨额财富辩白。然而，那些被视作资本主义"光彩一面"的富豪，情况又如何呢？现在就让我们将目光转向那些被认为造福于全世界的"大善人"吧。

好心人

说起“好心肠”的资本家，有个位居榜单前列的名字就不得不提。沃伦·巴菲特是全世界排名第三的富豪，财富总额超过了800亿美元。然而，尽管拥有如此庞大的财富，他依然生活在1950年代时居住的那套房子里。他也并未将办公室设在纽约某幢光鲜亮丽的摩天大楼内，而是仍旧在内布拉斯加州人口不足50万人的小城奥马哈办公。他不仅妙语连珠，而且还很谦逊。这为他赢得了“奥马哈的先知”这一绰号。巴菲特认为，应大幅提高针对美国顶级富豪的税率。近来他抱怨称，美国的税法是如此不公平，以至于身为亿万富翁的自己，税率竟然要比公司的清洁工还要低。此外他还承诺，会将99%的财产都捐赠给慈善机构，并敦促全世界的其他富豪也效仿这一做法。这也成为迄今为止他最为人称道的善举。巴菲特不只是说说而已。自2000年以来，他已经向慈善机构捐赠了超过460亿美元，成为人类历史上最为慷慨的慈善家。[6]

巴菲特的致富之道，在如今的亿万富翁中最为常见：他是一名金融投资家。[7]他的赚钱窍门相对而言比较简单。他会找寻自己认为将有良好表现的公司，然后购买其股票。银行家和投资家大多声名狼藉，因为正是他们肆无忌惮的投机行为，引发了2008年的全球金融危机（我们将在本书第七章中进一步探讨这场危机）。然而，巴菲特的作风绝非如此。早在这场金融危机爆发的4年前，他就曾预言称，大银行正在创造极为复杂的金融工具，此举无异于玩火。他更是将这些金融工具称为“金融领域的大规模杀伤性武器”。[8]当危机果不其然地爆发之后，高盛（Goldman Sachs）等大型投资银行纷纷将目光投向巴菲特，希望他能施以援手。

巴菲特看上去无可指摘。不过，要想真正弄清他的财富来自何方，我们就需要考察他投资的那些公司究竟是如何盈利的。多年以来，巴菲特投资了数百家公司，其中有一家尤其受到他的钟爱，那就是可口可乐公司。自巴菲特于1988年首次为其注资10亿美元以来，他便一直是这家碳酸饮料公司最大的股东。[9]他在2019年度可口可乐股东大会上表示：“我们从来不曾卖掉哪怕一股。我也永远不会考虑卖掉哪怕一股。”[10]说完他便打开了一听冰镇可口可乐（他自称每天都要喝4听这款饮料）。

可口可乐无处不在。可口可乐公司生产的饮料行销全世界，只有两个国家是例外：古巴和朝鲜。但即使是在这两个国家，也很容易就能在黑市上买到这款饮料。“可口可乐”还是世界上知名的品牌之一。考虑到该公司每年都要花费约40亿美元打广告，这一点并不令人感到惊讶。[11]可口可乐公司的产品占据了全世界饮料销量的三分之一，这相当于可口可乐公司每天都能卖出19亿份饮料。

在日常生活中，可口可乐的身影随处可见，以至于我们根本不会去琢磨它们是如何钻进自家冰箱的。不过，对巴菲特成为可口可乐公司最大股东后发生的事情稍加审视，我们就会发现，这家公司可不像其产品那么甜美。

“可乐杀手”

在世界各地，可口可乐公司践踏工人权利的行为，早已臭名远扬。可口可乐公司最为恶劣的丑闻发生于巴菲特注资8年之后。1996年12月5日那天，在哥伦比亚西北部的小镇卡雷帕，有两人骑着摩托车从当地一家可口可乐装瓶厂的大门溜了进去。他们要找的人是当地的工会主席伊西德罗·希尔。他们发现希尔就站在工厂门口，便立刻掏出手枪将其杀害。当天，右翼准军事团体向可口可乐装瓶工人发动了一系列有组织、有预谋的袭击，希尔便是首个牺牲品。数小时之内，袭击者又焚烧了工会的办公室，并迫使尚在其中的工会成员仓皇逃离。

当时哥伦比亚正处于漫长的政治动荡期，在此期间，共有2.8万人遇害，另外还有超过200万人流离失所。在这段动荡期，劳动者只要试图组织起来，就会成为右翼准军事团体的重点打击对象。[12]在遇害前，希尔正在率领装瓶厂的工人与这些团体进行斗争，争取提高工资、加强劳动保障，以及保证工人的安全。[13]在希尔遇害后，装瓶厂工人的工资又被砍了一半。[14]

政治因素很难迫使可口可乐公司放弃某国市场。“二战”期间，由于遭受了贸易禁运，纳粹德国境内的可口可乐工厂无法再从美国进口糖浆成品。但该公司并未从第三帝国撤离，而是决定试试看，凭借在当地能够获得的原料，是否足以维持生产。他们将苹果榨成汁，再加入糖，然后给这一急中生智的产物取了个扬扬自得的名字——芬达（Fanta）。这正是德语中“想象力”一词的缩写。

让我们再回到哥伦比亚。在导致希尔遇害的那次袭击事件中逃脱的工会成员，决心向可口可乐公司发起反击。他们于2001年将该公司告上了法庭，指控其与准军事团体合谋。两年之后，他们又发起了一场运动，向全世界揭露发生的一切，由此向可口可乐公司最具价值的资产，也就是其品牌，展开了进攻。除了在可口可乐公司位于亚特兰大的总部外抗议，他们还在美国各所大学乃至世界各地成功发起了多场抵制该公司产品的运动。

可口可乐公司一再否认自己需要为这起谋杀负责，并将这一点当作护身符。公司表示，从技术角度来看，哥伦比亚的这家装瓶厂并不归自己所有。和几乎所有跨国公司一样，可口可乐公司在打造其全球供应链时，也将尽可能多的脏活、累活外包给了其他人。如果要用一句话来概括这种经营之道，那就是："这不关我的事。"简而言之，可口可乐公司并不是其装瓶厂或糖类作物种植园的所有者，就像苹果公司并不是其iPhone手机装配厂的所有者一样。这样的安排使得这些跨国公司得以与脏活保持距离，置身事外，倘若发生变故，便可摆出一副无辜的姿态，假装对此一无所知。外包为跨国公司提供了完美的借口，但凡有人妨碍自己谋利，它们便会对其权利与诉求置若罔闻。

距离希尔遇害已经过去了20多年，我们发现，类似的事情在全世界几乎每一个角落都上演着。在爱尔兰，可口可乐公司拒绝承认装瓶工人工会，还威胁称，倘若工人组织起来，就将关闭工厂；在印度尼西亚，工会为争取获得可口可乐公司的承认，进行了长达20年的斗争，结果工会领导者遭到了解雇，工会成员则屡屡受到骚扰[15]；在海地，因投诉称工资未达到当地的最低标准（每日5—7美元），4名工会领导者以及超过100名工人遭到了解雇[16]；在菲律宾，大批工人遭到解雇，取而代之者工资更低，工作更无保障[17]；再回到哥伦比亚，该国已从政治动荡期走出，可口可乐公司又新建了一家巨型工厂，并解雇了部分工人，撤销了安稳的工作岗位，用没有保障的劳动合同取而代之[18]。

避税港，金银岛

可口可乐公司的生财之道不仅限于外包，它还搭建了一整套体系，将尽可能多的成本转嫁给其他人，也就是纳税人。自1892年开张以来，可口可乐公司便一直要求当地政府支付水费，并为其回收利用系统买单——对于分销与出售产品而言，这些系统是不可或缺的。[19]假如可口可乐公司通过纳税，将占到的便宜归还给政府，那么这种做法倒也无妨。然而，和众多公司一样，可口可乐公司也在全球范围内竭力避税，将数十亿美元藏匿在了避税港。对于当今的金融经济活动而言，这些避税港可谓金银岛。

大多数公司避税的方式都简单得令人惊讶。可口可乐公司的总部设在美国，但在许多国家都设有分部，即“分公司”。当可口可乐公司的英国分公司从美国总部那里进口糖浆时，就要为这些产品付一笔钱，并且也的确会转账给美国总部。这笔钱仍留在可口可乐公司内部，只不过从英国转移到了美国。在全球经济活动中，这种被称为“调拨定价”（transfer pricing）的做法十分常见且合法。事实上，多达60%的全球贸易都发生在同一公司内部，而不是不同公司之间。

“调拨定价”的问题在于，公司可以通过这种做法欺骗税务部门。假设位于美国的可口可乐公司总部想要将资金转移到开曼群岛等避税港，那么位于开曼群岛的可口可乐分公司就会故意提高其所售糖浆的价格，从而使得资金能够从总部那里流入这一避税港。在税务部门看来，这笔买卖似乎与普通国际贸易并无二致。但事实上，这是在以隐蔽的方式非法转移巨额资金。这种做法被称为“不当调拨定价”（transfer mispricing）。自1980年代开始，可口可乐公司就一直在采取这种做法。有报道称，可口可乐公司在各避税港藏匿的资金多达333亿美元，导致各国政府蒙受的税收损失总计达数十亿美元。[20]

对于安坐在亚特兰大总部办公室里的可口可乐公司高管而言，之所以要避税、削弱劳动法规、将生产过程外包、解雇工人，并且把工资压到最低标准以下，全是为了同一个目的：实现公司股东价值的最大化。20世纪八九十年代，可口可乐公司的CEO就曾直言不讳，他说道:“每天从早上起床，直到夜里睡下，我会一直琢磨如何才能提升公司的股东价值，哪怕刮胡子时也不例外。”[21]

水涨便会船高吗?

富人是如何致富的？在寻找答案的过程中，我们并未专注于亿万富翁榜单上的那些“坏蛋”，而是将目光对准了巴菲特这位在资本家中备受尊敬、为人称道的人物。我们考察了隐藏在其财富背后的故事。用巴菲特本人的话来说，他就是一名“地地道道的资本家”。这一阶级的许多典型特征在他身上都展露无遗。他对于积累财富有着永不熄灭的热情（巴菲特已年过九旬，但仍亲自管理公司）；他属于白手起家；他具有敏锐的投资嗅觉；他还乐善好施。简而言之，他就是一名严格遵守资本主义游戏规则的资本家。

然而，巴菲特的致富之道却揭示了这些游戏规则本身并非符合所有人的利益。哪怕是资产阶级中最受人尊敬的人物，也改变不了这一事实：在阶级体系中，只有让穷人一直受穷，富人才能致富。巴菲特的财富有赖于可口可乐公司的利润；可口可乐公司的利润，又是依靠避税、将生产过程外包、打压工人权利以及压低工资等种种手段赚取的。在各大公司中，可口可乐公司的行为绝对算不上最为恶劣。全世界几乎所有上市公司，赚取利润的手段都是这一套。资本主义经济制度本就应该按照这种方式运转，它才是真正的罪魁祸首。

你或许会认为：好吧，可口可乐公司的确作恶颇多，但巴菲特将巨额财富捐赠给基金会，这种做法难道不是在自我救赎吗？他的“功”想必一定要大于“过”吧？

巴菲特本人也是这么想的。2019年，他曾对《纽约时报》（*New York Times*）表示：“就生产出人们渴望的商品而言，什么都无法与市场制度匹敌。”在他看来，资本主义的终极目标就是“不断提高生产率”，由此不断提高这一制度的效率，并创造出越来越多的财富。在这一过程中，某些人会成为赢家（生产率更高的那些人），另外一些人则会沦为输家（生产率较低的那些人）。不过正如巴菲特所言：“恐怕资本主义制度就是难免会伤害某些人吧。”我们在本章开头就曾提及这种观点：让这些亿万富翁去创造财富吧，当他们施展完魔法后，我们就能通过政策、税收以及慈善捐赠等途径，确保这些财富被再分配给在这一过程中落败的那些人。[22]

上述观点忽视了这一事实：这套阶级体系使得某些人有能力捐赠出如此巨额的财富，但它也正是导致许多人深陷贫困境地的始作俑者。比如说，由于各公司的避税行为，各国政府每年的税收损失总计高达5000亿美元。这笔钱足以令30亿人用上清洁能源（耗资3470亿美元），令20亿人用上清洁的自来水（每年耗资450亿美元），遏制艾滋病、肺结核与疟疾等重大传染病（每年耗资890亿美元），还剩余190亿美元可用于推动规模较小的变革。[23]

要是你认为当前的经济制度有利于世界上的大多数人，那么请考虑一下这一情况：自1990年以来，全球GDP总量增长了65%，但每日收入不足5美元的贫困人口数量不降反升，增加了超过3.7亿人。这是因为在全球GDP的增量中，最贫穷的60%人口占据的份额仅为5%。按照这样的比例，要想让每日收入不足5美元的贫困人口数量降为零，就需要花上207年时间，而全球GDP总量更是需要达到当前水平的175倍。考虑到如此大幅度的经济增长与扩张势必会导致环境灾难，这根本就是不可能完成的任务。按照当前的比例，要想让最贫穷的三分之二人口每日收入达到5美元，人均年收入就必须达到130万美元。[24]可见，实际情况并非“水涨船高”，而是海啸袭来，游艇高高浮起，其他人则只能被滔天洪水淹没。

阶级是一种权力关系，贯穿于全世界数十亿人的生活之中，并且将他们联系到了一起。同样的一股阶级力量，一方面导致世界上大多数人无从发出自己的声音，无法填满自己的钱包和肚子，另一方面又使得大公司、大财团的股价扶摇直上。对于这种情况，巴菲特本人的总结最为到位："阶级战争的确在进行之中。不过，开战的一方是我所属的阶级，即富人阶级。我们也正是获胜的一方。"[25]

第五章

文化："阶级难题"与"阶级天花板"

据说，现在的年轻人是"容易分心的一代"。在他们成长的环境里，一切都应有尽有，任何需求一秒钟就能得到满足。对于大多数电视台的高管以及营销部门而言，这种情况不亚于关乎生死存亡的危机。因为他们担心"千禧一代"甚至无法安坐5分钟，就更不可能静下心来看电视了。

正因此，英国的真人秀电视节目《爱之岛》(*Love Island*)的大获成功，宛如给整个电视行业打了一剂强心针，证明了只要内容得当，电视节目依然能够吸引数百万年轻人，让他们在长达8周的时间内，每天都老老实实地在电视机前待上一个小时，哪怕当时正值有记录以来最为炎热的夏天（当时是2018年，后来炎热纪录又被刷新了）。[1]那一年，就连保守党都推出了《爱之岛》水杯这一爆款商品的山寨版本，试图乘着这档节目的东风，来扭转自己不受年轻选民待见的颓势（保守党推出的这款山寨版水杯印有“可别上科尔宾的当”等口号，但由于销量不佳，很快就下架了）。

和大多数真人秀节目一样，从参赛选手亮相伊始，《爱之岛》便邀请观众对其表现作出评判。[2]除此之外，观众还必须根据各位参赛者的口音、个性以及举止，来判断他们属于哪个阶级。

到目前为止，我们在本书中一直将阶级视作一种贯穿于全球经济活动之中，与劳动、所有制以及财富相关的权力关系。《爱之岛》节目看待阶级的角度，似乎与我们讨论这一问题的方式大相径庭。一方面是口音与个性，另一方面则是劳动与资本，这二者之间有什么关系？围绕着阶级问题，人们常常进行以下争论，其要旨正在于此：阶级究竟是关乎人们在经济活动中所处的地位，还是关乎口音、时尚、品味、用语、饮食等文化因素？

阶级难题

在2018年，申请成为《爱之岛》参赛者的人数比申请进入牛津和剑桥大学就读者的人数还要多。这意味着成为这档节目的最终赢家，算得上一件了不起的成就。当年的优胜情侣是有着一口洁白亮齿的杰克·芬彻姆（Jack Fincham）和心直口快的达妮·戴尔（Dani Dyer），后者是电视剧《东区工人》（*EastEnders*）的主演、传媒界名流丹尼·戴尔（Danny Dyer）的女儿。

在公众心中，丹尼·戴尔总是男子气十足，一副典型的工人阶级形象。丹尼成长于伦敦东区的一个单亲家庭，成为演员后搬到了埃塞克斯郡。[3]他近来因在《东区工人》中饰演著名的“维多利亚女王”酒吧的房东一角而声名鹊起。许多人认为，在被中产阶级主宰的电视行业，丹尼·戴尔这个罕见的工人阶级代表令人耳目一新。无论是在《丹尼·戴尔与危险分子》（*Danny Dyer's Deadliest Men*）这档节目中采访已改过自新的前黑帮分子、恐怖分子以及打手，与他们畅谈先前的暴力人生，还是在《东区工人》一剧中违背其“中产阶级”编剧的意愿，脱口而出带考克尼口音的俚语，他的表现无不印证了观众的这一看法。[4]

对于本书分析阶级问题的方式而言，丹尼·戴尔这样的人物出了一道难题。他究竟属于哪个阶级？从文化角度来看，他显然是工人阶级的代表，并且通过表演再现了这一形象。但他同时又是一名身家百万的明星，从经济角度来看，无论如何都是中产阶级的一员。那么究竟该如何判断呢？

先别急着回答这一问题。既然我们已经考察了文化领域某些典型的工人阶级形象，那么公平起见，就让我们再对典型的中产阶级形象考察一番吧。中产阶级看上去是什么模样？我们或许都能说出中产阶级的某些特征。然而，这些文化上的特征哪怕再典型，也很容易就会变得站不住脚。《极速对决》节目前主持人杰里米·克拉克森（Jeremy Clarkson）这样的人物，可谓中产阶级的典型代表。他是个中年男人，喜欢读《每日邮报》（*Daily Mail*），居住在伦敦周边，开跑车，正经历中年危机，会给保守党投票，对红肉和英式橄榄球十分痴迷，等等。但我们同样不难想象，中产阶级人物也可以拥有与克拉克森截然相反的特征：接受过大学教育，属于自由左派，喜欢吃牛油果和藜麦，关注环保问题，经常骑自行车，穿勃肯拖鞋，喝燕麦奶咖啡，喜欢看外国电影，等等。事实上，中产阶级和工人阶级的文化特征都是多种多样、千差万别的。

纯粹从文化角度出发认识阶级问题，往往会导致我们无从发现，在当代英国，权力究竟掌握在何人手中。我们耳濡目染的都是传媒界炮制出的各种典型形象，而传媒界又掌握在上层阶级手中（正如我们在本书第八章讨论“权威机构”时将要指出的，近半数报纸专栏作家上的都是私立学校，而在私立学校接受教育者仅占总人口的7%）。这些内容往往又会使得以白人男性为代表的阶级形象更加深入人心。而对于阶级的这种刻画方式，意图又几乎总在于怀念过去，而非揭露当前的不平等状况与权力关系。仅仅关注阶级的文化维度，会导致我们一再重复已存在了数十年之久的各种固有观念，使得我们无从发现，随着时间的推移，阶级关系发生了哪些变化；也无从理解，阶级中所包含的人物，绝非只有白人或是男性，他们可能操着五花八门的口音，说着多种多样的语言。

此外，媒体之所以致力于促使我们仅仅从文化角度理解阶级问题，还是为了压制蕴藏在英国工人阶级身上的强大力量。阿兰·休格（Alan Sugar）这样的例子，再清晰不过地向我们揭示了这一点。休格常常被标榜为工人阶级的英雄，他成长于哈克尼一个贫穷的犹太移民家庭，16岁就辍了学，但在商场上取得了成功，30岁出头便成了百万富翁。如今休格已是亿万富翁，是上议院的成员，“你被炒了”正是他的名言。他曾在2015年向穷人开炮：

> 如今哪些人是穷人？在北边的某些地方，有些人相当穷，但他们人人都有手机。这些人真穷啊，家里都有微波炉，都有电视机。和60年前对比一下吧。如果你真想尝尝贫穷的滋味，那就试试我在哈克尼过的那种日子吧——没钱买电器，连表都没钱买。[5]

将这样的人物与“工人阶级”联系在一起是多么荒唐。

完全可以认为，无论是丹尼·戴尔还是阿兰·休格，以这两个案例为代表，媒体一再宣扬的从文化角度看待阶级问题的做法，都极具误导性，这会导致人们误将声名显赫的亿万富翁当作工人阶级，却将某名恰好爱听歌剧的办公室职员开除出工人阶级的队伍。于是，我们完全可以得出这样的结论：尽管丹尼·戴尔并不符合前文曾列举的两类中产阶级形象，但鉴于他的名声与财富，他的确是中产阶级的一员。

阶级天花板

但这并不意味着文化因素就完全无足轻重。一个人给人留下的印象如何，对于他/她能否在经济活动中变得有钱有势，的确可能产生重要的影响。如果你曾与人讨论过阶级问题，那么对话的主题就很可能会转移到“任人唯贤制”（meritocracy）之上。这种观念认为，某些人之所以能够出人头地，是因为他们就是最出色的人物。或者换一种更为残酷的说法：某些人之所以受穷，只能从事最为糟糕的工作，就是因为他们最没本事。显而易见的是，只有当社会具有流动性时，才有可能建立起一套任人唯贤的制度。而如果说政治光谱上的各色人等都能就某一点达成共识，那一定是在英国这个地方，社会流动性可算不上很强。也正是由于这一原因，保守党和自由民主党执政联盟在2010年甫一上台，便创设了社会流动性委员会（Social Mobility Commission）。该委员会最近一任主席马丁娜·米尔本（Martina Milburn）在上一份报告中表示，委员会的目标就在于“通过政客、雇主和教育机构的共同努力，促使英国的精英阶层在性别、种族和出身方面都变得更为多元”。她说道：“是时候弥合权力鸿沟，并促使居于社会顶端的人士能够与普通人有所联系，成为其代表了。”[6]

在2017年，这一委员会曾整个团队愤而辞职，以抗议政府在社会流动性过低问题上毫无作为。在辞职之前的最后一份报告中，他们直言不讳地总结称：“整整一个阶层都感到自己并未获得争取成功所需的公平的机会，因为他们事实上的确没有获得公平的机会。这种情况不应该继续下去。”[7]

文化特征的确有助于筑起一道阶级天花板，阻止人们登上各行业的顶端。让我们来看一个例子。我们在本章开始时曾提及电视行业，现在就让我们再重新聊聊这一行业的管理层。大电视台的委制（commissioning）岗位堪称创意产业中最显要的职位。委制编辑能够决定数百万人将要收看怎样的内容，因此有能力与众多家庭直接对话，进而塑造整个国家的集体意识。

伦敦政治经济学院的研究人员萨姆·弗里德曼（Sam Friedman）和丹尼尔·劳里森（Daniel Laurison）长期研究阶级文化特征与社会流动性之间的关系。他们总结多年来的研究成果，于2019年出版了一本名为《阶级天花板》（*The Class Ceiling*）的书。[8]弗里德曼和劳里森有着得天独厚的研究条件，他们得以深入四频道内部，采访委制部门的一名资深高管，询问他是如何跻身本公司高层的。这位化名为马克的受访者坦承，一路走来，在经济方面享受到的诸多优待助了自己一臂之力。他接受的是私立教育，就读于顶尖大学，当他进入很不安稳的创意产业打拼后，自有父母为其支付在伦敦的房租。他回应称，许多同行的生活不像自己那样有保障，因而不得不选择业内较为稳定但发展前景较差的岗位，诸如行政职务。用他自己的话来说就是，倘若享受不到种种优待，那么向行业顶端攀登就会面临巨大的风险，宛如“不背降落伞包就去跳伞”。

然而，弗里德曼和劳里森发现，曾助马克一臂之力的还不只是这些经济上的优待。四频道的委制部门竞争十分激烈，仅有出色的业务能力还不足以帮助你脱颖而出。你的举手投足还必须符合一套文化准则。弗里德曼和劳里森在采访马克时发现，马克的举止虽然无法反映其业务能力是否出色，却能让其他人意识到他就是精英阶层的一员。按照马克的表述，规则是这样的：“能把事情做对，这固然很好，但为人有趣，那就更棒了。”能够把握好分寸，知道在什么时候应该鼓足干劲，知道在何种场合下应该优哉游哉，这有助于你赢得他人的尊敬。而只有在私立学校，你才能掌握这一套行为准则。

弗里德曼和劳里森还发现，无论是建筑设计、表演还是会计，在各行各业都存在类似的观念。在社会的上层，体现阶级归属的文化特征发挥着重要作用。即使上的是同一所大学，取得了相同的文凭，进入了同一个行业，家境并不优渥的那些人，最终也只能屈就于工资较低、权力较小的岗位。之所以会这样，部分原因就在于他们的举手投足不符合前述文化准则。弗里德曼和劳里森将这种现象称为“阶级导致的收入差距”。在某些情况下，尤其是在与种族和性别等因素叠加在一起时，这一收入差距会变得格外巨大。比如说，某些出身于工人阶级家庭的英国黑人女性虽然实现了向上流动，在高收入行业找到了工作，可是与从事同一种工作但家境优渥的白人男性相比，她们的平均年收入要比后者低足足2万英镑。[9]优渥的家境果然值钱。

茶里乾坤

英国人常说，根据某人喝哪种茶就能推断出其阶级归属。就连丹尼·戴尔——从“东区佬”一跃成为家喻户晓的明星——似乎也通过他喝的茶觉察到了自身阶级地位的改变。他说道:“我不清楚自己是怎么了。年岁渐长，我喝茶的口味也变得细腻了。现在我喜欢喝点儿茉莉花茶。我真是爱喝它。”

阶级究竟是关乎经济因素，还是关乎文化因素？非要严格地在这两者中二选一，无疑是个伪命题。经济因素与文化因素之间的界限很模糊，前者会对后者产生影响，后者也会逐渐催生出经济上的不平等。但话虽如此，如果纯粹将阶级视作一种文化现象，那么它看上去就仅仅像是一种古怪的英国特产，而不是能够左右全世界人命运的强大经济力量。阶级关系是一股波及全球的强大力量，并导致了严重的经济不平等，而不是人为炮制的、带有性别烙印的、陈旧过时的种种刻板印象。不应仅仅根据一杯茶就对人评头论足。说起茶来，更有意义的问题在于，这杯茶源于哪些人的劳动？他们是在怎样的条件下从事劳动的？他们的劳动最终又帮谁致了富？

第六章

环境："一掬死土"

2018年11月8日，烈火开始在美国加利福尼亚州燃烧起来。清晨时分，沿着北部数条没有标记的电线，火花引燃了一场该州历史上最为惨烈的火灾，最终共导致至少90人身亡，并造成了高达165亿美元的财产损失。[1]同一天，在加州以南数百公里之外，发生了又一起火灾。最终共有1643幢房屋被烧毁，超过29.5万人被转移。远在纽约市，都能望见这两起火灾的烟雾。

气候变化会导致恐怖的后果，森林火灾就是个鲜明的例子。我们最初的痛感往往来自孩提时代用火灼烧自己皮肤的经历。这会导致对火的恐惧深植内心，挥之不去。烈火会在自然界和人类世界肆虐，留下一片无法栖居的焦土，这就仿佛未来景象如快进一般猝然出现在了人类眼前。烈火熄灭后，剩下的只有荒原，借用艾略特（T. S. Elliot）的诗句，这就如同用"一掬死土"，向人们"展示着恐惧"。

对全球变暖问题的讨论十分枯燥，充斥着精确、生僻的术语。但在这些内容中，"火情紧急"这四个字显得尤为扎眼。无论是亚马孙雨林中的烈焰，还是北极冰原地带的大火，火灾已遍布全球，成为危机将至的先兆。如果你遇见了否认气候变化论者，就请试着让他们解释一下，近年来加州森林大火为何愈演愈烈？正如作家戴维·华莱士-威尔斯（David Wallace-Wells）所言："自有记录以来，在森林火情最为严重的10个年份中，2000年之后的年份便占据了九席。"[2]

在2018年的加州火灾中，超过29.5万人被转移。人们至少会注意到其中的两个名字：金·卡戴珊（Kim Kardashian）和坎耶·韦斯特（Kanye West）。他们价值6000万美元的豪宅就坐落在洛杉矶郊外名为"隐秘山庄"（Hidden Hills）的宁静的封闭小区内。卡戴珊和韦斯特不得不从这里搬了出去。许多好莱坞明星都住在"隐秘山庄"，比如凯莉·珍娜（全世界最年轻的亿万富翁）、麦莉·赛勒斯、布兰妮·斯皮尔斯、威肯和珍妮弗·洛佩斯。当火势终于渐渐平息之后，卡戴珊和韦斯特却发现自己已经深陷公关危机之中，被“烧”得焦头烂额。有报道称，他们聘请了私人消防员去保护自家豪宅。这一决定导致他们被推上了舆论的风口浪尖。人们愤怒地斥责称，他们不应想着“花钱免灾”。为了平息这场危机，卡戴珊在《艾伦秀》（*The Ellen Show*）节目上将10万美元捐给了在火灾中失去住所的一名消防员及其妻子，并向加州公共消防部门表达了敬意。

我们在此并不想讨论卡戴珊和韦斯特聘请私人消防员的做法究竟是对是错。这一争议引出了另一个问题：他们为何觉得不能指望由公共消防部门来保护其豪宅？要想回答这一问题，我们就需要意识到气候危机其实是一场阶级危机。随着全球一天天变暖，变得越发不利于人类生活，早已普遍存在的阶级对立将变得越发尖锐。这种情况并非不可避免，但2018年加州火灾的诸多特征都表明我们正在沿着一条不归路前进。这场火灾可谓未来一个世纪人类前途的预演，其决定性因素则在于人与自然的关系。

火光照出不公

火灾期间，加州公共消防部门已不堪重负，为了制服熊熊烈火，不得不向另外17个州请求支援。之所以会出现这种情况，部分原因在于，在这个私有化盛行的年代，公共服务部门已遭受了沉重的打击。从1980年代起，遵照“私有化有助于提高效率”这一新自由主义理念，美国开始鼓励越来越多的私立机构进军消防产业。2018年，代表超过250家私立消防公司的游说团体全国森林消防协会（National Wildfire Suppression Association）声称，美国消防资金的40%都来自私人部门。[3]

如果说哪家公司是消防私有化这股风气的始作俑者，那它一定非世界上最大的保险公司美国保险集团（American Insurance Group）莫属。2005年，美国保险集团开创了一套商业模式：富人缴纳一笔巨额保险费后，便会有专属消防团队为其提供服务。据美国保险集团发布的新闻通稿所言，森林消防业务（Wildfire Defence Service）服务于加州的数千个家庭，在《福布斯》（*Forbes*）排行榜上排名前400的美国富豪，近半数都是其客户。[4] 显然，这一服务的幕后推手就是美国保险集团。除了提供专属消防服务，美国保险集团还推出了一款金融产品。最终，这款产品将整个全球经济都给“点着了”。

人们或许会以为保险公司的工作既枯燥又无足轻重，但事实上，对于2008年金融危机的爆发，它们负有不可推卸的责任（我们将在下一章中进一步对这一问题条分缕析）。在这场危机爆发之前，美国保险集团从肆无忌惮的金融投机活动中赚取了数十亿美元。随着情况变得不妙，美国保险集团不得不请求美国政府施以援手，用来自纳税人的1823亿美元公共资金拯救这家保险业巨头。导致美国保险集团深陷麻烦之中的许多不良交易，都与其伦敦分公司的某个部门有关。该部门的主管名叫约瑟夫·卡萨诺，媒体则将他称作“导致世界崩溃之人”。尽管造成了数十亿美元的损失，他却得以从美国保险集团全身而退，不仅没有为其所作所为付出任何代价，反而赚了个盆满钵满——仅是现金收入就有2.8亿美元之巨，还外加价值3400万美元的分红。[5]

加州森林火灾反映出的问题，不只在于特权阶层试图“花钱免灾”。长达40年的私有化进程对公共消防部门造成了巨大破坏。为了填补缺口，政府不得不依靠为数众多的囚犯去灭火。直到今天，囚犯在加州公共消防部门中仍占据着相当大的比重。超过4000名加州消防员都是囚犯，占总数的40%。干着消防员的活，他们每天的报酬仅为象征性的1美元，而且没有补贴。此外，倘若他们殉职，家属也无法获得补偿。雇佣这些囚犯几乎不必支付任何工资，这种做法每年能为美国政府节省1亿美元。[6]

加州囚犯的数量之多，占总人口的比例之高，早已为人熟知。自1970年代中期以来，加州的囚犯数量暴增了7.5倍。[7]学者鲁思·威尔逊·吉尔摩（Ruth Wilson Gilmore）指出，加州囚犯数量增多并不是因为犯罪率上升——在这段时期，加州的犯罪率实际上还下降了。囚犯数量之所以会大幅增加，是因为加州曾掀起一阵监狱建设狂潮，这股狂潮被开发商自豪地称为“世界历史上规模最大的一次”。[8]在此期间，政府新建了许多监狱。这些监狱的建设资金大多来自从未打算偿付的公债。对于在私有化进程中饭碗受到威胁的该州官员而言，这些监狱提供了新的用武之地。结果就是加州为把人投入监狱所花费的资金，已高达其教育资金的6倍。[9]如今，仅是加州一州女囚犯的数量，就要比1970年时美国全国女囚犯的总数还多。[10]

从洪灾频发到海平面上升，我们面临的生态威胁远不仅限于火灾。科学研究已经向我们证明，在未来数年间，气候变化的破坏力还将进一步加剧。如今占据统治地位的那些经济与政治组织，将决定我们要如何应对这些危机。我们在加州目睹的一切，可谓以一种极为黯淡的方式，预演了未来一个世纪内气候变化会对不同阶级产生的影响：一家跨国公司导致全球经济陷入崩溃，但政府仍用纳税人的钱为其纾困；面对火灾威胁，百万富翁阶层依靠这家公司“花钱免灾”；救助了这家公司的纳税人，却只能仰仗摇摇欲坠的公共部门保护自己；越来越多的穷人被投入监狱，以至于他们甘愿为了每天赚取1美元，冒着生命危险去救火。

责任在谁？

如果非要指出“全球北方”是在哪一年惊讶地发现环境危机竟已如此严重，那就只能是1988年。《时代》（*Time*）杂志将“身处险境的地球”奉为当年的“年度人物”；联合国设立了国际气候变化专门委员会（International Panel on Climate Change）；美国国家航空航天局的科学家詹姆斯·汉森（James Hansen）则对美国国会表示，科学界99%确信是人类活动导致了全球变暖。“全球变暖”这一概念流传开来，也正是在这一年。

然而，30多年过去了，尽管科学家进行了数千项研究，应对方案、抗议活动、会议和峰会也都不计其数，成果却十分惨淡。正如作家戴维·华莱士-威尔斯所指出的，1988年以来人类的碳排放量超过了此前所有时间的总和。如他所言：“如今我们蓄意造成的破坏，已经比此前无心犯下的过失还要严重。”[11]

谁应为如此庞大的碳排放量负责？西方国家？成

年人？美国？还是资产阶级？2017年，碳披露项目（Carbon Disclosure Project）发表了一份广为流传的报告，名为《碳大国报告》（*Carbon Majors Report*）。据这份报告披露，空气中碳粒子的集聚主要应归咎于数量不多但极有权势的数家公司。研究人员发现，1988—2015年，全球碳排放总量的71%来自100家公司。

权势如此集中于一小群公司手中，这清晰地表明，在究竟是谁主动地制造了环境危机这一问题上，存在鲜明的阶级差别。世界的未来掌握在管理着这一小群公司的精英手中，这些人待遇优厚，主要是男性。令人担忧的是，我们完全有理由认定，能够成为化石燃料巨头高管的人物，关心其公司的前途肯定要远胜于担忧生态系统的命运。因此，要想避免生态系统的崩溃，除了需要借助科技手段，同样还需要打破这种权势高度集中的局面。

你可能会认为，毕竟这些公司生产的正是我们生活中不可或缺的东西，将责任全推给这些能源生产商，是不是不够公平？说到底，我们消费者才是推动需求的人。将导致全球变暖的责任推到消费者头上，这一套政治与道德说辞我们早已耳熟能详。面对生态灾难，我们总是专注于从小处做起，诸如禁止使用塑料袋以及塑料吸管，回收生活垃圾，少吃肉，少坐飞机，等等。个人的努力固然重要，但若不通过广泛的政治行动推动变革，那么其效果就无异于杯水车薪。

有些人总结道，上述做法相当于消费者的自责之举。那就让我们来探讨一下消费问题吧。首先，每个人的消费量是不一样的。假设将世界上的所有人根据其收入高低排序，然后计算出他们一年中消费的所有物品——从吃掉的食物总量到驾车的里程——所导致的碳排放总量。乐施会（Oxfam）的研究人员正是这么做的。他们在2015年巴黎气候大会召开前夕发布了一份报告（联合国自1988年起便启动了应对气候变化的项目，巴黎气候大会被认为是联合国的努力取得些许成果的最后机会）。报告提及的关键数据值得被铭记在心：全世界收入最高的10%人口，其消费导致了全世界50%的碳排放量。[12]哪怕这10%人口仅仅将消费量降低至欧洲人的平均水平，全球碳排放总量也足以降低30%。要论导致气候变化的责任，某些消费者要比另外一些消费者更难辞其咎。

气候大罢工

如果说1988年是全世界惊讶地意识到气候危机已经到来之年，那么2019年就是好戏开场之年。2019年

9月20日星期五那天，全世界上百个国家的数百万人纷纷放下工作、走出学校，加入了游行示威的队伍。此次针对气候变化的抗议活动是历史上规模最大的一次。全世界的年轻人发起了一系列运动，呼吁立刻采取持久行动，令经济活动大幅度脱碳。抗议气候变化的全球大罢工，就是这一系列活动中最近的一次。当天在伦敦共有超过30万人走上街头。在登上讲坛的团体中，就包括一群来自“全球南方”的原住民、黑人、棕色人种和流散者行动人士，这一团体的名字是“地球上的受难者”（Wretched of the Earth）。他们的开场白是这样的：

你们都听说过这样一句话：“我们的房子着火了。”但对于我们中的许多人来说，房子着火这件事已经持续超过500年了。我们的房子不是自己着火的。我们并不是因为犯下了一系列微小的过失与错误才沦落至此，是一股股强大的力量将我们推入了当前的境地。正是这些力量，导致了资源分配的不平等以及社会结构的不公。支配着我们的这套经济制度是殖民者建立起来的，这些人的唯一目标就在于占据支配地位并追逐利润。[13]

全球生态危机绝非突如其来、无迹可寻，而是长期殖民主义扩张与资本主义剥削导致的恶果。500年前形成的不平等局面，一直延续到了今天。需要为碳排放负最大责任的那些国家，也就是“全球北方”富裕的工业化国家（据估算，它们需要为全球碳排放总量的大约70%负责），受生态危机的影响也最为轻微。[14]反倒是对于这场危机无须负多少责任的穷国，诸如撒哈拉以南非洲国家、太平洋岛国、孟加拉国、印度等“全球南方”国家，受到的影响最为严重。之所以会出现这种情况，部分原因在于命运开了个残酷的玩笑：最贫穷的国家恰恰处于最炎热、环境最脆弱的地带，但这绝非自然现象的巧合。殖民主义及其催生的不平等，使得富国掌握了更先进的技术、更丰富的资源以及更多财富，从而能够更好地适应各种变化。就像卡戴珊和韦斯特能够花钱聘请私人消防员一样，富国也能够“花钱免灾”（当然这也是有限度的）。

让我们以水资源为例。随着冰川消融、湖泊萎缩、水循环的波动越发剧烈和反常，预计到2030年时，全球对于水资源的需求就将超过供给，缺口将高达40%。[15]到2050年时，全世界超过半数人口，即多达数十亿人，都将无法获得充足、洁净的水资源。水危机对“全球南方”的影响尤为严重。到2030年时，印度对于水资源的需求只有半数能够获得满足。[16]

“地球上的受难者”的话提醒着我们，不应将富国与穷国之间的这种差别与自然灾害等同视之。正如在本书第一章中提及的马里卡纳矿工的故事所表明的，这种差别是人为的产物，与殖民时代造就的根深蒂固的种族及阶级不平等有关。生态危机不只是人类在未来将遭遇的威胁，它更是在当下人类已面临的种种威胁基础之上形成的，而这些威胁则又与各种历史遗留问题有关。如今，有21亿人无法获得安全的饮用水，有45亿人无法获得清洁用水。[17]在印度，更是已有多达6亿人面临着水资源短缺的问题，每年都有20万人因水资源不足而死亡。[18]印度东南部大城市金奈的4座大型水库于2019年彻底干涸，导致其近800万名居民只能依靠瓶装水度日。

想象一下，假如每年有数十万人因水资源短缺而死亡的事情发生在欧洲，会是怎样一番景象。在过去40年间，人们在应对生态危机时始终无所作为，部分原因就在于，由于种族不公的遗毒，在危机面前首当其冲的那些人，其生命的价值早已遭到了严重的贬低。面对生态危机，人们之所以无动于衷，正是因为受危机影响最为严重的大多是最受排挤、最为贫穷的有色人种群体。用致力于环境保护的瑞典少女格蕾塔·通贝里（Greta Thunberg）的话来说就是："少数人的奢侈享受，为许多人带去了苦难。"

即将沉没的巨轮

在面对气候变化这样严重且压倒一切的问题时，将其细分为一个个容易消化的小问题，是一种颇有裨益的做法。100家大公司的高管和董事，只是一小部分人，用泰坦尼克号那么大的一艘船就足以全部装下。他们的公司正是全球碳排放的主力军，这些人掌握的权势足以决定人类未来的命运。在与气候变化问题相关的集会与抗议活动中，我们经常能看见的一句标语便将矛头对准了他们："世界正在死去，但它是被人谋杀的。犯下这桩罪行的人，都有名有姓，有家有室。"

在《泰坦尼克号》(*Titanic*)这部卖座的好莱坞大片中，当水位开始上升，巨轮即将沉没之时，三等舱的乘客却被锁在了船舱的最下层，一等舱和二等舱的乘客则可以优先跳上救生艇。随着生态崩溃问题变得不容忽视，我们发现，围绕着究竟该如何应对这一问题，政界正变得越发进退维谷。我们不免担心自己正走在加州曾走过的老路上，也就是说在方方面面，阶级之间的不平等都将越发根深蒂固，富人则竞相争抢各种服务，希望守护自己的财产。如果我们希望避免这种情况变为现实，就必须认识到，导致气候危机和塑造了当前这套阶级体系的正是同一套制度。要想从最底层的船舱夺门而出，并阻止这艘巨轮沉入海底，我们就必须打破权力集中在富人手中的现状。

《狮子、女巫与魔衣橱》（*The Lion, the Witch and the Wardrobe*）一书的作者C.S.刘易斯（C. S. Lewis）曾说过："人对于自然的支配，其实是某些人以自然为工具，对另外一些人的支配。"从气候变化问题到阶级之间的不平等状况，种种危机无不表明，人类在毁灭世界的同时，也在毁灭彼此。

第七章

住房：“你若还不起贷，我就夺走房子”

除非你是找到了一块巨石，在它的遮蔽下露宿（考虑到当下的房租水平，这种情况也并非完全不可能），否则你就很难不意识到，英国正面临着其历史上最严重的住房危机。

只要在英国的任何一座城镇穿行一番，你就不可能不注意到下列显而易见的现象：房产经纪公司窗户上印着的数字显示，房租价格已经远远超出了大多数人能够负担得起的水平；越来越多的人只能在街头对付着过夜；廉租公寓里已人满为患；紧邻的豪华公寓与新建楼盘则门可罗雀，灰尘满满。受住房危机影响最为严重的要数年轻人。他们甚至被取了个“租房一代”的绰号，也就是说，大多数年轻人在成年之后的大部分时间里，都只能租房度日。

危机根源何在?

和惯常的做法一样，英国的许多报纸和政客都将住房危机怪罪到了最顺手的那只“替罪羊”身上，并用恶毒的言语对其大加鞭笞。这只“替罪羊”就是移民。按照媒体和政客的说法，导致住房危机的原因很简单：这个国家已经住得满满当当了，可是房屋数量仍不够，无法满足所有人的需求。早在2012年我们就曾听到这种说法。时任内政大臣特蕾莎·梅声称，超过三分之一的新增住房需求都来自移民。[1]《每日邮报》也在同一年发表了一篇题为《披露：英格兰半数社会福利房里住的都是外来户》的文章。[2]尽管媒体和政客纷纷对移民横加指责，但完全没有证据表明，是移民导致了这场住房危机。事实上，《每日邮报》很快便被迫修改了这篇文章的标题，因为有人指出，只有8.6%的社会福利房住户是出生在英国之外的“外来户”。[3]与《每日邮报》声称的50%相比，这一比例实在是差了十万八千里。

当前的住房危机与人口数量是多是少，绝无半点关系。在2008年金融危机爆发前的10年间，英国房价的上涨速度快得惊人（增加了两倍多）。然而，在这段时期内，新增住房的数量基本上可以满足因人口增长而增加的住房需求：新增住房数量达到了新增人口数的四分之三。[4]既然导致住房危机的原因并不在于“人口数量过多”，那么又该作何解释呢？与其指责移民这一社会中的边缘群体，我们不如探究一下导致房价如此高企的原因。为此我们需要离开英国，前往全球住房市场的核心地带美国一探究竟。

史上最大的一笔交易

2007年时的约翰·保尔森（John Paulson）真可谓鸿运当头。作为华尔街的一名顶级对冲基金经理，大赚一笔对他来说早已如同家常便饭。可是在2007年这一年，保尔森赚到的钱，竟创下了金融史上的纪录。仅仅通过一笔交易，他便赚到了40亿美元，相当于在整整一年时间里，每天都能入账1000万美元。[5]事实上，他通过这笔交易赚到的钱，比马拉维这个有着约1800万人口的国家当年的GDP总量还要多。

保尔森能够赚到令人不可思议的一笔巨款，是因为他在一个简单的问题上下了重注。保尔森断定，数百万美国人将无力为自己刚刚购置的房产偿付贷款。保尔森赚到这笔40亿美元的巨款之后所做的第一件事，便是在汉普顿街区购置了一套豪宅，这可真是讽刺之至（该街区位于纽约郊外的长岛，因名流和巨富云集而闻名）。这幢名为“老树”（Old Trees）的豪宅始建于1911年，属于乔治式风格，坐落在阿加瓦姆湖湖畔一处4万多平方米大小的公园内，占地面积达1400多平方米，附带一栋客房、游泳池以及网球场。这幢豪宅共花费了保尔森4000万美元。

保尔森不看好“抵押担保证券”（mortgage backed security）的前景。瑞安·戈斯林（Ryan Gosling）在奥斯卡获奖影片《大空头》（*The Big Short*）中饰演的证券交易员曾解释称：“‘抵押担保证券’这个词令人相当费解，对吧？你是不是觉得这个名字很枯燥、很愚蠢？它的意图正在于此。华尔街就爱使用这些令人一头雾水的词来糊弄你，让你以为只有他们才做得来那些事情，要是你因此干脆对他们做了些什么不闻不问，那就更好了。”

正如戈斯林饰演的角色所暗示的，在复杂的术语背后其实隐藏着简单的经济学道理。想象一下，你正在逛街，突然发现有一座漂亮的房子正待出售。假设在这个想象出来的世界里，你不仅薪水丰厚，还攒下了一大笔钱，于是你便决定买下这座房子。你走进银行，办理了一笔按揭业务，然后用存款交了首付，在合同上签好字，承诺将偿还房贷外加利息。大多数人差不多都要花上一辈子的时间才能还清这笔按揭贷款［要知道，“按揭”（mortgage）一词就源自法语里的“*death-pledge*”（死亡担保）］。

你搬进了新家，开始了新生活。你背负的按揭贷款也踏上了自己的旅程。在第一阶段，按揭贷款会被打造成“抵押担保证券”。在这一过程中，银行将你背负的按揭贷款与其他数千人背负的债务打包，形成一款单一的金融产品。任何人只要买下这款“抵押担保证券”，就能将你（以及另外数千名债务人）每年偿还的房贷收入囊中。由此可见，这是一款颇为有利可图的金融产品，对于希望找个安稳的投资场所，挣上一笔利息的富裕投资者来说尤其具有吸引力。

在第二阶段，银行将“抵押担保证券”（你个人背负的按揭贷款也包含在其中）卖给了一名富裕的投资人。银行将所得的一部分作为报酬收入囊中，将剩下的部分当作新的按揭贷款重新贷出，于是又能打包形成新的“抵押担保证券”，如此循环往复。乍看上去，这一“放贷—打包—出售”的循环似乎对于所有人都有利：

你买到了心仪的房子；通过你偿还的房贷，投资者每个月都能获得一笔丰厚的收入；银行每推出一款“抵押担保证券”，也总能赚上一笔。在21世纪初，华尔街无疑也是这么认为的。“抵押担保证券”使房贷成为一种能带来丰厚回报的金融资产，所有人都能从中获利，难道不是吗？

然而，对于这样一则“童话”，保尔森却并不买账。在他看来，这一循环简直美好得不现实。于是他便进行了较为深入的研究，考察这些债务最终落到了哪些人头上。最终，保尔森发现这是一枚定时炸弹。

银行贷出、打包并出售的按揭贷款越多，赚到的利润和分红也就越多。说他们不知足实在是过于轻描淡写了。2006年，华尔街已经深陷“抵押担保证券”中无法自拔。仅仅在这一年，银行家的红利就高达600亿美元。第二年截至圣诞节时，银行家赚取的红利更是增加到了660亿美元。[6]然而，为了疯狂地追逐利润，银行变得无所顾忌。它们将数量惊人的资金贷给了没有甚至很可能永远不会有收入的人群。这些人根本无力偿还房贷。

保尔森发现，在短短数月之内，就将有上百万美国人无力偿还房贷，“抵押担保证券”也将变得一钱不值。就如同纸牌屋被推倒了一样，曾投资于美国住房市场的所有人，财富都将大幅缩水。意识到崩盘即将发生之后，保尔森便做了一件但凡有些自信的华尔街对冲基金经理都会做的事情：他断定整个金融体系行将崩溃，并对此下了重注。他果然赌赢了。

到了2007年，已有上百万美国房主无力偿还房贷。银行以及购买了“抵押担保证券”的投资者突然发现，自己的财富正在消失。银行纷纷破产，公司不再招人，老百姓节衣缩食，股价一路下跌，房价一落千丈，整个资本主义制度在剧烈的震荡中陷入了停滞。仅是在美国，蒸发的财富就高达22万亿美元（要知道，目前世界上的2000多名亿万富翁，其总身家也“只有”8万多亿美元，可见这一数字有多惊人[7]）。

这场危机迅速席卷了全世界。英国、欧洲和亚洲的银行也都持有大量“抵押担保证券”。它们很快就发现，自己已身处破产边缘。全球贸易额占全世界GDP总量的比例，从33%暴跌至3%。[8]大量公司随之倒闭，普通劳动者纷纷失业。2008—2015年，全世界共有6100万人在这场风暴中丢掉了工作。这是自1930年代的大萧条以来，最为严重的一次全球经济危机。

一辆辆搬家货车将保尔森的家当运进了他那幢价值4000万美元的豪宅。与此同时，他的许多同胞即将无家可归。为了尽量弥补损失，银行和投资者将无力偿还房贷的房主全都从房子里赶了出去。在法律上，这被称为“丧失抵押品赎回权”（foreclosure）。并非只有少数凶恶的讨债人才会这么做。2006—2014年，美国共有近1000万名房主被强行赶出了自己的家。[9]与背负着房贷的白人相比，非洲裔美国人被逐出家门的可能性要高一倍。和移民一样，非洲裔美国人也曾长期被住房市场拒之门外，因此在危机酝酿期间，他们背负的按揭贷款条件也最为苛刻。[10]五频道以此为主题，推出了一部写实纪录片，片名堪称道出了华尔街对债务人的心声——“你若还不起贷，我就夺走房子”。

债务人被逐出家门，只能自生自灭。但这样的命运可不会降临到银行头上。就在全球金融系统都将堕入破产深渊的节骨眼上，各国政府纷纷挺身而出，用大规模救市计划将它们拉了回来，资金则来自纳税人。如今回过头来看，我们或许会以为，所谓救市计划，就是一次性地为银行注入大笔资金，就如同通过注射大剂量的肾上腺素，令病人重现生机一样。然而事实上，救市计划更像是一套持续运转的生命维持系统，需要通过不间断的照料与看护，才能保住病人的性命。直至今日，各国政府仍然在为这些“大到不能倒”的银行提供补贴，以维持全球金融系统的生命。人们一般都会认为，规模最大的那些银行是如此重要，对全局的影响是如此深远，以至于这些银行都十分清楚，一旦自己陷入困境，那么除了向自己施以援手，政府将别无他法。有各国政府为自己兜底，这些银行便变得越发无所顾忌。想象一下，某名一手遮天的黑手党大佬在当地一家仰赖自己保护的赌场里豪赌，会是怎样一种情形。权势令他在赌场里立于不败之地，于是他下的注会越来越大，冒的风险也会越来越高。

金融类媒体彭博社与激进左翼绝对沾不上边，但据其表示，仅是美国政府，用纳税人的钱向“大到不能倒”的银行提供的补贴，每年就高达830亿美元。这一数字比2017年华尔街犒赏自己的314亿美元红利还要多得多。[11]换句话说，若非政府施以援手，银行根本不可能获得任何红利。

何谓住房？

如果我们想要理解英国的住房危机，就需要解答全球金融危机及其余波所引发的这一问题：住房的目的究竟何在？你或许会认为，这一问题的答案实在是再明显不过：住房就是为你遮风挡雨的地方，是你放学后回到的地方，是你做作业的地方，是你休息、睡觉、做饭和追剧的地方。住房指的不就是家吗？然而，住房并不只是家。假如住房指的就是家，那么我们就无从解释，为何在金融危机爆发后，上百万家庭会被逐出家门，其住房会被银行没收。要知道，银行和人不一样，它们可并不需要床铺或是花园。

从银行发放按揭贷款到投资者大肆购买"抵押担保证券"，这种种行为无不表明，住房已经成为一种金融资产，是一种可以买卖的东西。住房不再只是供人居住的场所，还已成为能够带来利润的商品。住房的这两重性质并不总是能够并行不悖、相安无事。事实上，住房越是被视作一种商品，它就越难以成为人们的家园。

"焦点 E15"

2014年，在伦敦地区的市镇纽厄姆，一群年轻的工人阶级单身母亲向住房的商品属性发起了挑战。此时距离金融危机爆发，已过去了5年多的时间。政府已经为银行系统注入了数十亿英镑资金，此时又开始大幅削减公共预算（我们将在下一章中更加详细地讨论这一问题）。一家名叫"焦点E15"（Focus E15）的为当地无家可归的年轻单身母亲及其子女提供廉价短期住宿服务的旅社，也在受影响之列。政府砍掉了原本向该旅社提供的4.1万英镑资金。居住在那里的单身母亲被告知，她们必须收拾行李，带着孩子走人。至于究竟该去往何处，则无人表态。纽厄姆市议会不愿在伦敦地区为其提供社会福利房，还威胁要将她们赶去距离其家人、工作地点数百公里之遥的其他市镇。

这些单身母亲决心自己动手来解决这一问题。在光鲜亮丽的奥运村周边，坐落着一个已空置多年的老式市政住房小区。纽厄姆市议会将先前的住户从这里赶了出去，计划将这片住宅拆除，再将土地卖给私人开发商。市议会乐于让这些公寓处于空置状态。这样一来，什么也不用做，就可以坐等开发商的报价随着地价一路上涨。在伦敦的许多地区，仅是买上一套房产，然后任其空置，就足以获得丰厚的回报。有人估算称，伦敦的半数新建住房都处于空置状态。[12]考虑到在这座城市里，每晚有超过6000人只能露宿街头，这种情况真应受到谴责。[13]

2014年秋天，这些单身母亲一手推着婴儿车，一手举着抗议标语牌，占领了这个小区。她们夺回了这些空置已久的公寓，在一夕之间，令其从供人投机的资产重新变成了供人居住的家园。她们还意外地发现，小区内的600套空置公寓，大多数都处于良好的状态，无疑要比“焦点E15”旅社里阴暗、潮湿，宛如监狱一般的房间宜居得多。她们悬挂起了横幅，并且分成不同小组，各司其职。她们还表示，除非政府为自己提供像样的居住场所，否则就绝不离开。她们要通过实际行动，消除住房的商品属性。正如其中一张横幅所言："这些人需要有个家，这些家也需要有人住。"

诚然，仅是占领空置的建筑物，无助于彻底解决住房问题（不过这种做法的确有助于大幅减少无家可归者的数量）。然而，此类抗议却揭露出，通过种种途径，住房早已变成了一种商品。如今，只有8%的英国人居住在市政住房里。在"人人皆房主"的英国，市政住房声名不佳，往往会被视作穷人和为社会不容者的聚集地，其住户还被取了"CHAV"这样一个污名［有些人认为，"CHAV"是"住着市政住房、为人凶恶"（council housed and violent）这一短语的缩写］。

但实际上，在不久之前，市政住房才与贫穷和犯罪联系到一起。1979年，市政住房住户占英国总人口的比例高达42%。[14]在那个年代，市政住房不得买卖，其所有权属于政府，并且仅仅服务于一个目的：以可以负担的租金水平为人们提供居住的场所。但随着时任首相玛格丽特·撒切尔于1980年推出了一条具有革命性的法律，情况发生了剧烈的改变。这条法律赋予市政住房住户买下其住房的权利（事实上政府也鼓励他们这么做），由此将数百万套住房从家园变成了可以在市场上买卖的东西，也就是商品。在接下来的25年间，依照这条法律，总计有150万套市政住房被出售，这成为英国国有资产私有化过程中，规模最大的一笔交易。[15]和“抵押担保证券”那则故事一样，在市政住房私有化的最初几年间，似乎人人都能从中获利：数百万工薪家庭首次有机会拥有属于自己的房产，从而跻身所谓的“有志气的中产阶级”之列；政府赚取了一大笔收入；住房市场大繁荣的前景令所有人都心驰神往，幻想自己不仅能成为房主，还能成为富翁。

然而，好景不长。将原有的市政住房卖掉后，英国政府就再未新建住房，这导致平价住房的供给渐渐无法满足需求。在接下来的数十年间，住房市场的规模变得越来越大，房价也一路飙升。和美国的情况一样，按揭贷款的放宽以及“抵押担保证券”的兴起，更是对此起到了推波助澜的作用。请回想一下，在本章开头我们曾指出，在金融危机爆发前的10年间，英国的房价上涨了两倍。当时我们曾提出这样一个问题：如果说导致房价上涨的因素并非移民，那么原因又究竟何在？现在我们可以给出答案了。推动英国房价上涨的因素，几乎完全在于银行发放了大量按揭贷款。银行放贷越多，人们能够支付的房价也就越高。这就好比，哪怕你收入不高，也没有积蓄，但仍可以通过购买合约机的方式，买到价格超过1000英镑的苹果手机。银行新发放了数十亿英镑按揭贷款，又将其打包成“抵押担保证券”，出售给全世界富有的投资者。1999—2007年，英国发行的“抵押担保证券”总价值占GDP的比重，从2%激增到了27%。[16]

到了1990年代末，一种新的说法正在流行开来，“买房就是为了出租”（buy to let）。这一类房主买房不是为了自己住，也不会把它当成自己的家，而只是为了出租。他们买下的住房越来越多，意味着住房的商品属性彻底占据了上风。自1999年以来，为出租而买房的房主数量增加了超过25倍。[17]这又导致了房租价格的急剧上涨。在20世纪六七十年代，租房者支付的房租平均约占其收入的十分之一。到了2016年，这一比例已上升至超过三分之一。[18]

“租房一代”

居住在“焦点E15”旅社里的单身母亲，不仅是在为自己争取住上市政住房的权利。她们的行动还揭露出，英国的住房体系已彻底败坏、无可救药。作为年轻的工人阶级单身母亲，她们的遭遇尤其引发了同龄人的共鸣。“租房一代”这个词如今已经流行开来，就连英国政府都在2019年发布了针对这一问题的首份官方调查报告。这份报告表明，如果现状继续维持下去，我们这一代人就将终身深陷私人租房市场之中，任其盘剥压榨。平均而言，到退休那天为止，我们这一辈子全部收入的80%都将贡献给房东。[19]正如作家兼行动人士乔治·蒙比奥（George Monbiot）所言："人们常说，'我在为乐购超市（Tesco）打工'，或是'我在为户户送（Deliveroo）打工'。但许多人其实都是在为房东打工。"[20]

在银行家引发的这场危机之中，工人阶级移民遭受的打击最为沉重，但他们又总是首先被当作"替罪羊"，为并非自己导致的问题背锅。政府和媒体之所以要把他们当成"替罪羊"，是为了将住房危机真正的核心问题掩盖起来。这一问题就是，住房已变成了一种商品。在美国，当金融危机爆发之后，银行为了保住自己的利润，将无数家庭逐出了家门；在英国，政府曾将市政住房大肆抛售。这些教训无不说明，住房一旦转变为财产，它们就不再能履行为人提供住所的职能。简而言之，这样一来，住房就会成为社会中最富有之人变得更加富有的又一种手段。

第八章

权威机构：学校、监狱与福利国家

2018年6月阳光灿烂的一天，圣保罗女子学校的900多名学生与职工走进了餐厅，在餐桌前坐下，准备吃午餐（这是英国的一所顶尖私立学校）。通常情况下，圣保罗女子学校食堂的食物，如同米其林星级餐厅的食物一样丰盛：文火烤制的摩洛哥羔羊肉、油封鸭腿以及烤鳕鱼等。[1]然而在这一天，摆在学生面前的却不是此类珍馐佳肴，而是所谓的“紧缩式午餐”：烤土豆、豆子以及凉拌菜。按照这所学校的官方说法，之所以只提供如此“简陋”的食物，是为了“促使我们的学生意识到，那些不如自己幸运的人过的是怎样一种生活”。

在2008年金融危机爆发后，政府花费了数十亿英镑资金救助银行。新一届保守党与自由民主党联合政府于2010年上台后，又开始全方位地削减预算，这在日后被称为“紧缩”政策。过去10年间，政府经济政策的核心要素就是削减开支。紧缩之风盛行之下，英国最为突出的特征莫过于“吃不饱饭”的现象日益抬头。2008—2018年，英国最大的食物救济机构特拉塞尔基金会（Trussell Trust）每年分发的食物数量，从不足2.6万份激增至超过130万份。[2]某项研究显示，导致人们食不果腹的罪魁祸首正是紧缩政策。[3]尽管政府一再否认和推脱责任，但最终还是不得不承认，紧缩政策与忍饥挨饿之间的确存在关联，虽然他们依旧试图淡化自己对于引发这场饥饿危机所起的作用。用关注食物问题的作家兼行动人士杰克·门罗（Jack Monroe）的话来说就是：“‘紧缩式午餐’可根本算不上午餐。”

圣保罗女子学校每学期的学费高达7978英镑。这是一所精修学校（finishing school），面向的是日后最有可能成为这个国家掌权者的那些学生。在英国，只有7%的学生就读于私立学校，但65%的高级法官、57%的上议院成员、53%的外交官、44%的报纸专栏作家以及29%的议员都是私立学校毕业生。[4]学校、刑事司法系统以及国家机器，这些正是主宰着英国的权威机构。

从课堂看阶级

从就读于私立学校到出任各类要职可谓轻车熟路，途中往往还会经停牛津大学与剑桥大学这两站。让我们以圣保罗女子学校为例。英国有8所顶尖私立学校，其向牛津大学与剑桥大学输送的学生数量，比英国其他学校输送学生数量总和的四分之三还要多。圣保罗女子学校就是这8所学校中的一所。曾在牛津大学与剑桥大学就读者占英国成年人口的比例不足1%，但牛津大学的毕业生占据了全英国超过24%的要职。[5]

私立学校既是提供优质教育的机构，又是将不同阶级隔离开来的手段。这种隔离方式是一目了然和赤裸裸的。这些学校的学费比英国普通家庭的可支配收入还要高，这就如同一道壁垒，大多数人都无法跨越。[6]在这道壁垒之内，便是一小群富裕的精英，就如同购买了头等舱机票一样，他们可以优先挑选各类要职。

这并不是说，家长之所以要送孩子进入私立学校就读，只是为了让他们结交富家子弟。私立学校毫无疑问拥有更优质的教育资源，班级规模也要小得多，这种种优势都有利于学生接受更良好的教育。不过并没有太多证据能够证明，倘若将私立学校整合进公立教育系统之中，从而令富人只能前往公立学校就读（工党在其2019年的大会上就提出了这样的政策主张），他们所接受的教育质量就将大幅下滑。从1970年代初开始，经过10年的努力，芬兰成功地废除了私立学校，将其整合进了公立教育系统之中。富裕家庭的学生与贫穷家庭的学生成绩上的差距之所以会缩小，不是因为前者的成绩下滑了，而是因为后者的成绩提升了。芬兰的教育系统被普遍认为在全世界都名列前茅，原因之一正在于此。[7]

话虽如此，但即使我们将伊顿公学收归国有，教育系统中的阶级分化现象就将消失不见吗？考虑到在公立教育系统之中，阶级隔离的现象同样严重，这一问题的答案很可能是否定的。让我们以文法学校为例。文法学校由国家提供经费，并不收取学费，但会根据学生在11岁那年结业考试中的成绩来招生。如今，文法学校已基本淡出了英国的公立教育系统。在1960年代中期，超过四分之一的公立学校学生都就读于文法学校。如今这一比例已不足5%。[8]残存的那些文法学校自诩为“唯才是举”理念的真正践行者，也就是说，它们自称会为更有天赋的学生提供更良好的教育。

但文法学校与私立学校有着相似的问题：这些学校表面上似乎“唯才是举”，但实际上更像是要把不同阶级的学生隔离开来。总体而言，有14.6%的英国学生符合领取免费校园午餐的标准，但在文法学校的学生中，这一比例仅为6%。[9]存在这样的反差，原因很简单：只要花足够多的钱请家教，你在11岁结业考试时自然就能取得优异的成绩；或者，要是你足够有钱，还可以搬去文法学校云集，因而房价也极高的地段。此外，杜伦大学进行的一项研究还显示，进入文法学校就读，实际上并不意味着你就能接受到更优质的教育。研究者发现，一旦将学生的阶级出身以及11岁结业考试时的成绩也考虑在内，对于学生的表现而言，是否就读于文法学校就不再重要了。

那么，假如我们同时废除私立学校和文法学校，情况又会如何呢？这无疑有助于缓解英国教育制度中的阶级不平等问题。然而，哪怕是在看似平等的公立综合学校（comprehensive school）系统内部，阶级分化的现象也依旧存在。让我们以“为学生分级”这一流程为例。和文法学校的招生标准一样，这种将学生按照智力水平分门别类的做法，据说也有助于所有学生都受到更良好的教育。但这种做法也会导致同样的问题。尖子生被认为更聪明，进入社会后地位也应当更高。但在这一群体中，来自较富裕家庭的学生占比要不成比例地更高。举例来说，来自中产阶级家庭的高智商学生，有46%都被分进了尖子班；相较之下，智力水平与之相近但出身工人阶级家庭的学生，只有10%会被分进尖子班。[10]从老师对学生的评价如何到学生会对怎样的教学内容产生兴趣，种种问题都会受到阶级出身的影响。简而言之，在课堂（classroom）上，阶级出身（class）能助你一臂之力。

归根结底，贯穿于上述讨论的始终都是同一个问题：但凡试图根据某种标准（或才能）将学生分出三六九等，结果就总是会将其按照阶级出身隔离开来。“唯才是举”这件外衣不仅遮蔽了英国教育系统的核心问题，即阶级出身导致的不平等，还会让人以为，被分入尖子班、进入文法学校或是进入私立学校的那些优生，本质上就是要比其他学生更出色。这样一来，英国教育系统的核心问题就遭到了忽视。事实上，紧缩政策恰恰使得这一问题变本加厉。英国教育部在其研究中也发现，削减教育经费对贫困学生造成的影响最为严重。以中学为例，有资格领取免费校园午餐的学生占比达40%的那些学校，平均经费削减幅度为每名学生803英镑，与英国平均水平相比，要多出326英镑。[11]

刑罚系统：“我们是受到保护的物种”

学校辜负了我，我也辜负了学校。学校令我感到厌倦。教师们表现得如同长官一般。我想要学习自己感兴趣的内容，但他们只希望我学习考试要考的内容。我最为厌恶激烈的竞争，尤其是体育。综上所述，我显得一无是处，校方也数次暗示我应该离开学校。

在严苛、死板的英国教育系统里，这样的失落感十分普遍。平均每天都有35名学生被开除。完全有理由认为，上述这番话道出了这些被开除者的心声，不过实际上说出这番话的另有其人，他就是爱因斯坦。15岁那年，在与老师发生了激烈的争吵后，爱因斯坦被赶出了学校，然而这并未妨碍他日后成为诺贝尔物理学奖得主。不只如此，爱因斯坦的科学成就是如此之高，以至于他的名字成为“天才”的代名词。然而，假如爱因斯坦这样的人物接受教育的地点是当下的英国，那么他就很有可能会沦为阶下囚。

在“被学校开除”和“沦为阶下囚”之间，存在紧密的关联：在英国，超过半数囚犯都有被学校开除的经历。[12]正如英国监狱系统前主管马丁·纳里所言：“每年都有1.3万名年轻人被学校开除。他们在离开学校之时，或许也已排上了号，有朝一日必然会被投入监狱。”[13]被学校开除的学生，往往是家境最差的那些。英国教育部于2019年进行的一项评估显示，78%的被开除学生要么有接受特殊教育的需求，要么符合领取免费校园午餐的标准，要么“家境困难”。[14]

任何阶级的人都有可能犯罪，但越是贫穷，锒铛入狱的可能性就越大。想想吧，仅是在过去几年间，各家公司以及各位资本家就犯下了多少桩罪行。这其中既包括难以被告上法庭的道德罪行，比如向专制国家的领导人出售武器，或是仍在持续进行之中的种种毁灭地球的行为，还包括在当前的司法框架内更容易盖棺论定的那些实实在在的罪行。

2012年，美国联邦调查局调查出，汇丰银行曾为墨西哥锡纳罗亚贩毒集团洗钱，金额至少达8.81亿美元（该集团的头目就是我们在本书第四章中提及的“矮子”古斯曼）。[15]尽管调查人员发现，“这家银行的高层是非法行为的共犯”，[16]但美国司法部部长仍决定不起诉这家银行。在此之前，英国政府为此事向美国施加了巨大的外交压力，时任英国财政大臣乔治·奥斯本危言耸听地声称，将汇丰银行绳之以法恐怕会“引发一场全球金融灾难”。[17]最终，汇丰银行只是被不痛不痒地处以小额罚款，这正应了某位金融业高管在当时说的一番话：“我敢向你保证，假如你以为女王陛下的政府会起诉和我属于同一阶级的人物，那么你就大错特错了。我们是受到保护的物种。”[18]

既然上层阶级人士如此轻松就能躲过牢狱之灾，那么如今英格兰和威尔士监狱里关押的8万多名囚犯，又是些什么人呢？[19]汇丰银行的高管并未因为毒枭洗钱这一罪行而锒铛入狱，来自工人阶级与有色族群的许多人却为“禁毒战争”付出了惨重的代价。英国的全国黑人警察协会副主席尼克·格林的这番话，道出了司法系统的实际运作方式，以及阶级、种族等因素对其的影响：“如果你不是有钱人——如果你是个生活在城市里的黑人或亚裔青年——你被警察以缉毒为由拦截下来的可能性就会高得多。”

据说，大多数拦截与搜身行为的目的都是缉毒（占比达三分之二）。这种行为的对象则主要是穷人和失业者。在伦敦，拦截与搜身的行为集中发生在城市中的贫困地区。在2013年遭到拦截与搜身的所有人当中，有93%都属于“社会一经济地位较低的群体”。更加不公平的是，假如你是个银行家、医生或律师，并且携带了毒品，那么你遭遇拦截与搜身的可能性会低得多。而且与失业者相比，哪怕这类人群罕见地被拦截了下来，他们仅仅被警告一番就可扬长而去的概率也要高出3倍。[20]他们可真不愧是“受到保护的物种”。

当涉及司法问题时，阶级和种族等因素交织在一起便会产生重大的影响。在伦敦，黑人遭遇拦截与搜身的概率是白人的9倍，尽管与后者相比，前者在总人口中所占比例要低得多，吸毒问题的严重程度更轻，被发现果真携带了毒品的可能性也更低。与白人相比，倘若黑人被发现携带了毒品，那么遭到逮捕的概率要更高，被起诉以及被投入监狱的概率更是分别要高出8倍和9倍。黑人、亚裔及少数族群占总人口的比例为14%，但在被拘押的年轻人中，40%以上都来自这一群体。[21]之所以会出现这种情况，应归咎于上述原因。

刑事司法系统会强化社会中业已存在的种族与阶级不平等。人们有时候难免会觉得，英国的刑事司法制度已经失灵，在当下这个充满挑战的世界上，不足以应对复杂多样的犯罪问题。然而，人们越是深入地思考这一问题，就越会觉得这套系统其实运转得十分良好，正在发挥它应该发挥的作用。好好想想吧。监狱系统的确未能保护各个社区免受犯罪行为侵害，在改造犯人方面也做得糟糕至极。此外，监狱系统的成本还高得惊人。正如社会评论家阿卡拉（Akala）所言："把人投入监狱比送去伊顿公学还要费钱。"[22]

既然英国的刑事司法系统既失败又昂贵，它为何还能一直照这样运转下去？简而言之，原因就在于，就惩罚做出越轨之举的社会底层人士而言，这套系统做得相当出色。英国统治阶级的某些言论，就明确无误地表明了这一点。比如，“让犯罪分子感到恐惧”，“应该剥夺犯罪分子父母居住社会福利房的资格，这样才能让他们意识到自己的犯罪行为会招致怎样的后果”。此类威胁本质上针对的就是下层阶级。完全有理由相信，这番话绝对不是说给汇丰银行的高管听的。

爱因斯坦因发现光电效应而赢得了诺贝尔物理学奖。光电效应指的是将一束光照射在某种物质上时，电子就会被释放出来，并且逃逸到空气之中。这不禁令人联想到了主张废除监狱制度的学者安杰拉·戴维斯（Angela Davis）的一番话：“监狱并不能让社会问题消失，而只能让人消失。”[23]包括下一个爱因斯坦在内，有多少人正枯坐在漆黑的狱室里，等待着重见天日。

助残与福利国家

难道国家机器的方方面面就只具有惩戒性吗？英国国家医疗服务体系（NHS）、退休金、社会福利房、残疾补贴与失业救济金、公共交通、免费教育——这些内容不都足以表明，各权威机构实际上的确帮助社会中较贫困的阶级过上了体面的生活吗？

1945年时的英国残破不堪，并且背负着沉重的债务。但这并不能阻止刚刚在选举中击败丘吉尔而上台的工党政府推行一系列改革，从而改变了这个国家未来的命运：他们建立起了名为“福利国家”的一套“从摇篮到坟墓”的保障制度。“福利国家”的基本原则是，无论出身于哪个阶级，人人都应拥有生存和发展所必需的物资（尽管正如我们将在下一章中要看到的，福利制度并未覆盖所有人）。

在过去40多年的新自由主义时期，“人人都应享受到基本物资与服务”这一原则渐渐遭到了蚕食。自2010年开始推行紧缩政策以来，一点点的蚕食更是演变成了大刀阔斧的砍伐。要想理解福利国家遭遇了怎样的重创，我们就需要将目光转向一个至关重要的问题：助残。

残疾与贫困常常如影随形：超过三分之一的成年贫困人口身有残疾。在新自由主义的话语体系中，穷人之所以陷入贫困的境地，会被归咎于他们智力不够高，或是不够努力，总之就是怪他们自己没本事。但与贫困不同，残疾通常会被视作一种不幸，是当事人自己所无法掌控的命运所致。因此，权威机构就难以采取惯常的做法，搬出“个人应该为自己负责”这一套说辞，理直气壮地取消发放给残疾人的补助。正如《蹒跚而行：紧缩政策与对残疾人的妖魔化》（*Crippled: Austerity and the Demonization of Disabled People*）一书的作者弗朗西斯·瑞安（Frances Ryan）所解释的："你可以说'失业工人'和'单身母亲'等群体'活该'被人翻白眼，但在主流文化看来，残疾人是不幸和值得同情的，人们普遍认为他们'理应'得到国家的帮助。"[24]

自英国开始推行紧缩政策以来，情况就发生了改变。各权威机构针对残疾人制定了一套全新的打压策略，对他们火力全开。紧缩政策的制定者并未将残疾归咎于当事人自身的过失，而是炮制了这样一套说辞：那些申请残疾补贴的人，其实根本就不是残疾人。借用英国前首相戴维·卡梅伦的话，这些人其实只是"搜刮福利的家伙"。[25]针对残疾补贴的削减力度格外大：如果你是个残疾人，那么与普通公民相比，你的补贴金额遭到削减的幅度要高出9倍之多；如果你的残疾程度很严重，那么这一比值还将进一步上升至19倍。[26]这套恶毒的说辞正是要为如此不公的做法辩白。

让我们来看看，在削减残疾补贴的背后，暗藏着怎样的玄机。2013年，英国政府取消了一项名为"残疾人生活补贴"的福利金。这项福利金设立于1992年，旨在帮助领取者覆盖额外的护理与出行成本。政府声称，冒领这笔福利金的现象太过严重，于是便决定用一个名为"个人独立性支付"的新项目取而代之。[27]推出这一新项目后，政府将对300万人进行一系列身体检查，以筛除所谓的“骗子”。

到头来人们才发现，身体检查其实只是个托词。早在进行身体检查之前，政府早已决定，要取消50万人领取这笔残疾补贴的资格。这一数字达到了领取者总人数的五分之一。[28]然而事实上，一切证据都表明，冒领者的数量极少，大约只占全部领取者的0.5%。换句话说，英国政府声称的冒领现象要比实际情况严重40倍。

最终共有数十万残疾人被剥夺了这笔补贴金。但上诉法院认为，其中多达72%的案例都没有法律依据，因而推翻了政府的决定。[29]更为恶劣的是，这一系列身体检查项目还成为卡皮塔（Capita）和阿托斯（Atos）这两家中标私人公司的“摇钱树”。[30]仅是在新项目出台的前3年，政府就向这两家公司支付了5亿英镑。在普通工作岗位上，假如你的一大半决策都是错误的，那么你很可能就要卷铺盖走人了。然而在2019年，政府竟然又和这两家公司续约到了2021年，让它们继续装模作样地对申请补贴者进行身体检查，并用纳税人的钱为其奉上了大笔收入。与此同时，数十万残疾人失去了赖以维生的补贴金。如今，六成有残疾人的家庭，都无法满足食物、住房或供暖等基本生活需要。多达500万名残疾人处于贫困的境地。[31]

“贫穷是政治决策所致”

在过去10年间，各权威机构一直向我们表示，从经济角度来看，紧缩政策势在必行；我们若不减少赤字，经济就将崩溃，我们所有人的境遇都将变得更糟；这一决定固然“艰难”，但“不可避免”，毕竟“良药苦口”。

事实证明，这些说辞全部都是谎言。在紧缩政策推行到半程之时，政府又采取了和减少赤字背道而驰的举措：减税，由此自断财路。到2020年初，政府通过削减福利预算所省下的钱（每年350亿英镑），少于因减税而损失的收入（每年470亿英镑）。[32]自紧缩政策实行以来，政府每年都未能实现其设定的减少赤字目标。至于说扭转经济形势——决议基金会（Resolution Foundation）进行的一项研究显示，到2022年时，工资依旧无法恢复到2007年时的水平。[33]

紧缩政策的目的从来都不在于平衡预算。这是富人借政府之手向穷人发动的一场阶级战争。各政府机构都在为富人的利益服务。通过紧缩政策，应对金融危机的责任被从银行和投资者那里转嫁到了福利国家和领取福利金的数百万人身上。紧缩政策对穷人的打击尤为沉重，政府又通过减税填满了富人的钱包。[34]通过为政府执行新出台的惩戒措施，卡皮塔等公司也趁机赚了个盆满钵满。有鉴于此，发生这种事也就不令人感到意外了：在实行紧缩政策的前5年，英国最富有的1000个家族的财富总额翻了一番，增长至5470亿英镑，比英国最贫穷的40%家庭的财富总额还要多。[35]

英国国内形势变得如此糟糕，以至于联合国都三度派人前来评估英国的人权状况（分别是在2016年、2017年和2018年）。联合国调查员指出，英国政府削减开支是出于“意识形态”考虑。他们还在最新一期报告中直言不讳地阐明了这种做法背后的逻辑。[36]

> 贫穷是政治决策所致。只要政府愿意，在执行紧缩政策时就完全可以放穷人一马。最近一期政府预算显示，财政部掌握着充足的资源，本可改善数百万贫困人口的境遇。然而，英国政府却决定将资源用于弥补为富人减税导致的亏空。[37]

上面这番话出自通常会保持中立的国际观察员之口。由此可见，以下结论实在是再显而易见不过了：英国政府的所作所为，全都是在为最富裕的阶级服务。

第九章

种族：“我从未想过‘阶级’概念也适用于黑人”

生活在大都市里的自由派精英抛弃、背叛了普通人，将他们扔在身后，不管不顾。这些精英关心政治正确和外国人，远胜于帮助老百姓解决实实在在的问题。

无论是在特朗普胜选之际，还是在英国脱欧前后，上述政治观点俨然成为一种主流看法。席卷欧洲和美国的各种右翼运动纷纷使用这套说辞，宣称自己才代表“实实在在”和“真真切切”的工人阶级。然而，只要我们对所谓的“真真切切”一词深究一番，就会发现右翼使用上述说辞，其实只是为种族问题服务。可以举个例子。主张英国脱欧的奈杰尔·法拉奇（Nigel Farage）从伦敦金融城的一名交易师，摇身一变成了代表人民发声的反建制政客。在2016年英国脱欧公决前夕，法拉奇用更加赤裸裸的语言，表达了和本章第一段那番话相同的意思："移民导致英国白人工人阶级沦为了下等阶层。"

要想理解这套说辞的威力何在，我们就务必牢记这一点：并非只有极右团体才认为，工人阶级指的全是白人。2018年，研究者曾采访伦敦各地的年轻人，询问他们对于种族与阶级问题有何看法。许多受访者是年轻的黑人女性，她们绝不属于支持法拉奇的核心群体，但也同样认为，只有白人才是工人阶级。20岁的受访者乔伊说道："我从未想过'阶级'概念也适用于黑人……我觉得'白人'这个词总是和'工人阶级'联系在一起，以至于我没法对后一个词产生认同。"与之类似，19岁的受访者格蕾斯也表示："年少时，我不认为'阶级'是个实实在在的东西，我以为它只存在于电视里，只存在于维多利亚时代。再就是社会学会谈论'阶级'这个概念。至于工人阶级，你会想到煤炭工人，他们全都是白人。"[1]要想理解为何阶级话语会带上如此浓重的种族色彩，我们就需要对英国历史上的4个关键节点深入考察一番，将种族与阶级之间错综复杂的关系梳理清楚。[2]

“当首批非洲人于 1619 年抵达弗吉尼亚时，那里还不存在‘白人’”

英国于1607年在弗吉尼亚建立起了自己在西半球的首块殖民地。[3]船只停靠在岸边，乘客中除了一小群富裕的投资者，还包括许多贫穷的欧洲人，他们以“契约仆役”的身份，被带到了这块土地（这些人签署的契约规定，他们需要当5—7年的仆役，以还清背负的债务）。1619年，首批非洲人抵达了这块殖民地。弗吉尼亚殖民地的首届政府以及首座烟草种植园，也建立于同一年。此时，日后的“美国”尚且只具雏形，而奴隶制也并不存在。和欧洲人一样，这些非洲人的身份也是“契约仆役”，工作一段时间之后便能重获自由。欧洲人和非洲人并未被隔离开来，跨种族的恋爱与婚姻关系也司空见惯。但这绝不意味着这段岁月就宛如乌托邦一样美好，不存在任何歧视现象。黑人历史学家芭芭拉·菲尔兹（Barbara Fields）指出，所有仆役都会“遭到殴打、残害乃至被杀，其主人则不会受到任何惩罚”。[4]这导致许多仆役逃亡，在邻近的阿尔冈基恩原住民定居点安了家。

对于英国殖民地精英而言，这可是个大麻烦。他们希望仆役在烟草种植园里卖力干活，而不是“逃跑或成群地聚集起来”。到了1676年，随着一群黑人和白人仆役揭竿而起，要求废除契约劳动，这一问题终于演变成了一场危机。他们纵火将弗吉尼亚殖民地的首府詹姆斯敦夷为了平地，还迫使殖民地总督仓皇逃回了英国。不久之后，总督携军队重返弗吉尼亚，起义随即遭到镇压，仆役再次被置于看守的监督之下。这场起义尽管以失败告终，却令殖民统治的脆弱根基暴露无遗。殖民地精英得出了这样的结论：仅靠暴力不足以维持自己的权力，还需要采取更为有效的统治手段，对仆役们分而治之。

作为对这场起义的回应，英国殖民者于1682年出台了一项新的法律，首次规定非洲人是可以买卖的财产，也就是奴隶。[5]某些人将另外一些人贬为奴隶，这种做法显然并非始于此时。古希腊、古罗马、古埃及和蒙古都曾实行过奴隶制。但不同之处在于，这些古老帝国的奴隶制度对于当今世界的影响，仅仅如同早已远去的一道涟漪，但曾使得跨大西洋奴隶贸易大行其道的那套观念，如今依然足以在政坛掀起波澜。

为了使把人贬为财产的做法显得正当，就必须摧毁欧洲与非洲仆役之间已经建立起来的一切联系。跨种族婚姻遭到禁止；英国女子若生下非洲人的孩子，就会在公开场合遭到鞭笞；非洲女子生下的孩子不得承袭其父亲的地位与姓氏。事实上，最后这条法律将大规模的性暴力行为合法化了。

上述政策固然造成了欧洲与非洲劳工的分裂，但还要等到另一项法律出台之后，这两大群体的区分才能最终完成。这项法律发明了“白人”这一概念。“白人”一词于1691年被首度写入殖民地的法律之中。[6]在弗吉尼亚的烟草种植园里，“白人是优越的种族”这一观念首次成为控制劳工的手段。无论属于哪个阶级，只要身为“白人”，在经济方面就能享受到好处：白人可以拥有土地，可以自由迁徙，不经上层阶级同意便可以结婚。[7]身为黑人的话，你就会被剥夺一切权利，甚至不被视作人类，仅仅被当成任人占有的财产。正因此，历史学家西奥多·艾伦（Theodore Allen）才感叹道：“当首批非洲人于1619年抵达弗吉尼亚时，那里还不存在‘白人’。”[8]借助种族因素来分而治之，这一策略之所以能奏效，是因为如此一来，“法律”和“所有权”这些原本纯属人为的产物，便显得像是顺理成章、不容置喙的生物学依据了。

在接下来的数百年间，以“白人”这一概念为基础，英国人在遍布世界的殖民地制定了一系列法律。为这种新种族观辩护且风靡一时的首部作品，要数奴隶主爱德华·朗（Edward Long）于1774年撰写的《牙买加史》（*The History of Jamaica*）一书。[9]这本书认为，非洲以及非洲人本质上就是低劣的。用爱德华·朗的话来说就是，“就本性而言，那里的一切都是野蛮的”。在维多利亚时代，此类种族主义观念是如此根深蒂固，以至于形成了一门新的学科，专门从生物学角度证明白人是优越的，非白人则是低劣的。[10]

“没有种族主义，就没有资本主义”

到了17世纪中叶，英国已经主宰了全世界的奴隶贸易。英国令其他国家难以望其项背的工业实力，正是建立在奴隶劳动基础之上的。[11]从此以后，小小一杯茶便成为能够反映阶级地位的文化符号（我们在本书第五章中讨论过这一问题），我们从中还可以了解到，对于英国经济而言，奴隶贸易究竟有多重要。在18世纪中叶以前，茶是专供上层阶级享用的奢侈品。和今天一样，当时的人们也知道，茶杯里加上一匙糖才更美味。随着英国在全球范围内大肆扩张殖民地，使得越来越多的英国消费者能够享用到这种饮品。种植园里的奴隶忍受着无法想象的痛苦，这导致茶的分量变得越发沉重；但随着进口量越来越大，在英国的街头巷尾，茶的价格却越来越低廉，渐渐成为世界上首款大众消费品。

1663—1775年，英国人对于糖的需求增长了20倍[12]；在英国人摄入的卡路里总量中，糖的占比高达近四分之一。[13]除了有助于提高劳动生产率，糖的进口量越来越大还意味着英国本土不再需要那么多人从事农耕，也能养活更多人口。更多人能吃饱肚子，也就意味着能有更多工人为工业革命时期那些“黑漆漆、宛如撒旦一般的厂房”干活。正如可口可乐之于沃伦·巴菲特一样，这些甜味饮料也为英国人带来了巨额财富。1781年，英国首位百万富翁威廉·贝克福德（William Beckford）年仅9岁便继承了一座位于加勒比的糖料种植园，并由此发家。[14]奴隶劳动创造出的财富不断推动英国的工业革命与科技进步：从瓦特的蒸汽机到煤炭与钢铁行业，再到大西部铁路，莫不如此。[15]

共有1200万名非洲人被劫持和贩卖到了大西洋彼岸。据估计，英国参与贩卖的黑奴人数就高达310万人（其中有270万人最终抵达了目的地）。[16]从1838年起，英国不再明目张胆地参与跨大西洋奴隶贸易，此时英国的奴隶主数量已达4.6万人。英国政府为这些奴隶主提供的补偿，占到了当时年度预算额的40%，这堪称史上力度最大的一次“纾困”行动。事实上，这笔补偿金的数额是如此巨大，以至于英国政府（以及所有英国纳税人）直到2015年才彻底付清。曾经的奴隶及其后代则一分钱也没有得到。

“保持英国的洁白肤色”

1948年6月的一天，温德拉什号客轮驶入了位于埃塞克斯的蒂尔伯里码头。船上载有来自牙买加的大约500名乘客。在“二战”结束后，英国亟须新的劳动力。战争中共有数十万英国人丧生，英国各地的城市都变成了断壁残垣。于是英联邦地区的公民便受到了邀请，前来参与祖国的重建。温德拉什号此行正是出于这一目的。

温德拉什号的乘客们固然不是首批前来英国开始新生活的黑人（黑人在不列颠岛上已生活了好几个世纪），[17] 但他们是《英国国籍法》（The British Nationality Act）于1948年生效之后抵达英国的首批黑人。这项法律规定，英联邦地区的所有居民都是英国公民，享有在英国工作的权利。因此在法律意义上，这些在埃塞克斯登陆的新来者，就和温斯顿·丘吉尔一样，也是地地道道的英国人。对于这一点，丘吉尔本人并不满意。他曾抱怨称邮局里的“有色”职员人数“太多了”。而当他在

1955年争取连任时，甚至建议各位大臣将“保持英国的洁白肤色”作为竞选口号。[18]持有这种观点的人，不只丘吉尔一个。早在温德拉什号靠岸之前，英国官员就已将来自英联邦地区的非白人移民视作洪水猛兽。就连英国的福利国家之父、工党领袖克莱门特·艾德礼（Clement Attlee）都将这些新来者称为“入侵者”。[19]

到了1960年代末，移民问题已被渲染成了一场全国危机。1967年，国民阵线（National Front）这一白人至上主义团体成立。次年，保守党政客伊诺克·鲍威尔（Enoch Powell）发表了一番出名的言论。他警告称，不加限制的移民政策将引发社会骚乱，导致英国街头“血流成河”。鲍威尔的3个观点至今仍深植于英国人的心中，挥之不去：首先，移民的数量过多；其次，移民占用了太多公共资源；最后，自由派精英沆瀣一气，向英国普通工人隐瞒了上述事实。虽然鲍威尔因此被从影子内阁里赶了出去，但他的这番话无疑反映出，种族仇恨情绪已十分普遍。此外，由于鲍威尔的这番言论颇受欢迎，执政的工党政府也受到了影响，开始迎合反移民情绪。在当年年底，工党政府推出了《英联邦移民法》（Commonwealth Immigration Act of 1968）。作家凯南·马利克（Kenan Malik）称其为“战后最为赤裸裸的种族主义法案”。[20]该法案很快就获得了通过，被用来阻止英联邦地区的非白人公民入境。时任内阁秘书长的一番话，再明确不过地阐明了该法案的意图。他表示，黑人和棕色移民“在任何种族意义上都绝不是这个国家的国民”。[21]

从一开始，反移民情绪就与种族及种族主义脱不了干系。当时涌向英国的最大移民潮并非来自西印度群岛、非洲或者亚洲，而是来自欧洲其他国家。[22]然而总体而言，白人移民既未被视作威胁，也未被当成“入侵者”。就连《泰晤士报》(*Times*)也在1968年的报道中指出，英国政府“不再宣称信奉‘人人平等’这一原则。它甚至不再信奉‘英国公民一律平等’的原则。它只信奉‘英国白人公民一律平等’这一原则”。[23]

进入1970年代，在国民阵线屡屡走上街头的同时，还兴起了一场强有力的反种族主义运动，对这些不宽容的举动予以还击。这场运动要求改善移民的居住条件，改变反移民政策，监督警察的执法行为，还为改善移民的工作条件展开了斗争。具有历史意义的1976年格伦威克工厂大罢工就是这场运动的一个组成部分。拉起纠察线的不再是头戴平顶帽、身着工装的白人男子，而是以亚洲女性为主——或者借用媒体对她们的描述，是一群“身着纱丽的罢工者”。此次罢工的领头人贾亚本·德赛(Jayaben Desai)与另外5名同事一道挺身而出，针对工资微薄、工会不受承认以及一名工人遭到无理解雇等问题提出了抗议。当德赛离开现场时，工厂经理对她恶语相向，称她为“咿呀学语的猴子”。德赛回应道：“你管理的不是一家工厂，而是个动物园。动物园里有着各种各样的动物。有些是猴子，会手舞足蹈、任你摆布；有些则是狮子，会一口咬掉你的脑袋。经理先生，我们就是狮子。”[24]

这场持续了两年时间的罢工于1976年7月11日达到了高潮。在伦敦西北部，超过2万名抗议者涌入了工厂大门附近一条条狭窄的后街。尽管如今格伦威克工厂大罢工已经被很多人遗忘，但它无疑是英国历史上的一个重要时刻。各行各业的工会都踊跃加入支持格伦威克罢工者的行列，2万多名邮局工人、矿工、学生和码头工人会聚成了一支庞大的队伍。格伦威克工厂的某位罢工者回忆道：“那一刻真是太不可思议了，因为我们此前总是听人说，码头工人都是些种族主义者。但当鲍威尔说出那番煽风点火的话，宣称英国街头将‘血流成河’之后，码头工人也展开了游行。最令我难以忘怀的是，这些白人男子和亚裔女子站到一起，就是为了捍卫‘团结一致’这一理念。”[25]

不同种族的劳动者团结起来，将迸发出强大的力量。但遗憾的是，这样的局面并未持续太长时间。令格伦威克罢工者感到不安的是，经过警察的严厉镇压（在工厂附近被逮捕的抗议者人数之多，创下了1920年代以来历次劳资纠纷的最高纪录），再加上受到工会内部种族主义分子施压，工会领导者们纷纷撤回了对她们的支持。尽管德赛以及另外3名同事发起了绝食抗议，但那些规模较大的工会再也没有返回格伦威克工厂。在坚持了两年之后，这场罢工最终还是以失败告终。40多年过去了，当年那2万多名抗议者中的一员这样回忆道："这场罢工原本有可能取得胜利，但最后，煮熟的鸭子还是飞了。"这场罢工的失败对全英国的工人阶级都造成了沉重的打击。在工党资深议员丹尼斯·斯金纳（Dennis Skinner）看来，格伦威克工厂就宛如一个试验场，这场罢工的结局则预示了1980年代阶级斗争的走势，以及英国工会运动衰落的命运。格伦威克工厂大罢工的失败，推倒了第一张多米诺骨牌，英国工人阶级从此便日渐式微。

"敌意满满的环境"

感到身体有恙，不得不看大夫，这种感觉可不好受。至少在英国，患者都知道英国国家医疗服务体系将提供免费的医疗服务，这有助于缓解生病所导致的压力和焦虑情绪。每天都有数千人走进医院或是全科诊所的大门，他们只需要为诊断结果担心，而不必考虑钱包吃不吃得消。这为他们免去了不知多少潜在的烦恼。

2017年的一天，一名来自伦敦的63岁男子艾伯特·汤普森走进了医院的大门。[26]他刚刚得知一条噩耗：自己患上了前列腺癌，要等待接受放射性治疗。可是在医院里，汤普森并未受到救治，而是被领进了一间侧屋。工作人员要求他出示英国护照。汤普森惊讶地得知，倘若无法出示相关证件，他就必须支付高达5.4万英镑的治疗费用。汤普森于1973年从牙买加来到英国，此后他一直在英国工作和生活。但他从未获得英国护照，也从不曾需要使用英国护照。此时汤普森却被告知，英国国家医疗服务体系不再为他提供服务了。为什么会这样？

原来遭殃的不只是汤普森，在英国各地还有数千人。他们在温德拉什号靠岸之后来到英国，在这里生活了数十年，如今却被剥夺了接受英国国家医疗服务体系免费治疗的权利。[27]雪上加霜的是，包括汤普森在内，他们中的许多人甚至被赶出了家门，还受到了被遣返"回国"的威胁——要知道，他们对于所谓的"祖国"已经没有多少记忆了。2018年，汤普森的遭遇被媒体曝光，并且迅速被冠以"温德拉什丑闻"之名。[28]

导致这场丑闻的直接原因在于，英国政府于2012年刻意收紧了移民管控措施。用这项政策的制定者特蕾莎·梅的话来说就是，此举旨在营造出“对非法移民而言敌意满满的环境”。[29]一提到“国界”，我们或许就会想到机场的边检处以及脾气暴躁的守卫。但事实上，为了营造“敌意满满的环境”，国界早已深入英国内部，每一间出租屋、每一所医院乃至学校，都成为一道哨卡。在找工作、考驾照、享受免费医疗、租房乃至开设银行账户之前，都需要先核实你的移民身份。政府动用一切资源，筑起了一道监视网。医生和教师尽管并不情愿，但也干起了“守土卫士”的活。[30]

媒体将这起事件称为“令人震惊的丑闻”，但实际上，“敌意满满的环境”只不过是英国处理种族、移民和阶级问题时的一贯作风，是自然而然、顺理成章的产物。用美国民权运动领袖人物杜波依斯（W. E. B. Du Bois）的话来说就是：“既然一项制度从未打算保护某些人，那么也就无从认为该制度辜负了这些人。”移民和种族问题无法被割裂开来。如果你是个操着纯正英语口音的白人，那么医生、教师以及房东就很可能认定你是个英国人。如果你不是白人，或者口音不纯正，那么你的身份就可能遭到怀疑。针对英国政府营造“敌意满满的环境”的做法，联合国近来发布了一份报告。该报告指出，“预料之中的结果是”，这种做法将导致“种族歧视以及对少数族群的排挤”。[31]就连来自保守党的内阁大臣们在得知特蕾莎·梅的计划后，也预言称这种做法将导致“所有看上去不像是英国人的人”都会受到歧视。[32]

学校会通过威胁关禁闭来规范学生的行为。与之类似，政府也会通过威胁令人陷入一贫如洗的境地来落实自己的移民政策。这并非特蕾莎·梅的创举。她只不过是在沿袭前人，也就是新工党的做法。1999年，托尼·布莱尔领导的工党政府创建了一套专门针对寻求避难者（asylum seeker）的福利体系。3年之后，布莱尔政府又剥夺了这些人在英国工作的权利，还专门组建了“打击队”（hit squad）。就如同奥威尔小说里的情节一样，这一组织专门负责突袭工作与生活场所，搜寻缺少正规文件的移民。后来新工党又推出了《种族关系法》（Race Relations Act），算是在反种族歧视方面取得了些许进步，但用小号字体印刷的附注表明此法案不适用于移民执法人员。[33]这些人享有豁免权。

移民问题与阶级问题之间的关系十分复杂。但我们应该吸取的历史教训之一便是，侵犯移民权利，将少数族群刻画为“他者”，往往是侵犯更多人权利的前奏。工党政府于1999年建立了一套专门针对寻求避难者的福利体系，对该群体提出了更苛刻的要求。正如我们在上一章中所提及的，随着紧缩政策的出炉，这样的举措延伸到了所有福利金领取者的身上。[34]在医疗问题上，类似的情况也正在上演。正因此，代表医生利益的组织英国医学会（British Medical Association）在2019年才要呼吁政府“废除向移民患者收取诊疗费用的政策，继续让英国国家医疗服务体系在提供诊疗服务时对所有患者都保持免费”。正如某位医生所言：“若向部分患者收费，距离向所有患者收费也就不远了。”[35]

“对于地球的永久所有权”

从住房问题到监狱问题，再到马里卡纳铂金矿的大罢工，本书的这些章节无不表明，种族因素将导致阶级鸿沟更为根深蒂固。各种深刻的种族矛盾已经存在了数百年之久，至今依然未被消除。杜波依斯曾说过：“‘白人身份’究竟是什么，令人如此向往？‘白人身份’就是对于地球的永久所有权。”“‘白人身份’就是对于地球的永久所有权”，这句话仍未过时。近期一项针对世界上最具权势的金融资本家的研究发现，84%的此类人物都是白人。[36]雷妮·埃多–洛奇曾提醒我们注意，这类“结构性的种族主义”可不像“保卫英国联盟（English Defence League）集会上飘扬的圣乔治十字旗和赤裸的肚皮”那么显眼，“与后者相比，前者要受人尊敬得多”。[37]

从在弗吉尼亚的烟草种植园里炮制出“白人”这一概念到20世纪六七十年代出台的各项移民法案，再到“敌意满满的环境”，一代代英国精英都善于拿种族问题大做文章，借此分裂工人阶级，而奈杰尔·法拉奇也正是他们中的一员。这一段段历史都在提醒我们，英国所谓的“传统”工人阶级并非从来都只包括白人。从温德拉什号那一代移民到“身着纱丽的罢工者”，传统工人阶级其实是个种族多元的群体。造就了结构性的种族主义和阶级不平等的，是同一段历史。若不理解阶级问题，我们就无法理解种族问题。同样地，若不理解种族问题，我们也不可能理解阶级问题。正因此，大名鼎鼎的文化理论家斯图尔特·霍尔（Stuart Hall）才会说出这番话：“黑人工人与白人工人，都被卷入了同一场斗争。”[38]要想真正地消除当今世界上的种族与阶级鸿沟，工人阶级就需要抛开种族偏见，团结起来，向有权有势的精英展开反击。如今世界各地的许多运动都明白这一道理，也正在通过集体斗争来粉碎种族与阶级不平等，实现正义与公平。诚然，种族不平等已存在了数百年之久，但我们必须牢记：这种现象终归是人为的产物，完全可以被消除。

第十章

团结：直面阶级问题

在为写作本书进行研究的过程中，我曾和许多年轻人交谈过，询问“阶级”一词对他们而言的含义。在本书的最后，我将引用他们那些发人深省、值得回味的答复，对迄今为止讨论过的主要话题以及观点加以总结。

“我认为‘阶级’一词早就过时了。‘阶级’一词在20世纪八九十年代最为流行，但如今已经没有人还自认为属于某个阶级了。所有人都需要工作。哪怕你是个大公司的老板，你每天也需要工作。”和本书前言部分所提及的一样，多位年轻人都表达了这一常见的观点，即

“阶级”概念已经过时，已不再契合这个时代。不过，尽管表达了这样的看法，但关于“阶级”概念他们实际上有许多话可以说。他们的个人经历充分表明，“阶级”绝不是一个已被扫入故纸堆的概念，而是一股依旧在日复一日地塑造我们生活的力量。

工作

“我认为自己属于工人阶级。我父亲是个工人，他的工作真是非常辛苦。他每天都得工作，没有一天能够休息。全家人只有他工作，我们都得依靠他的收入维生。在我看来，这就是工人阶级。”许多年轻人对于就业市场的认识，都来自老一辈家庭成员的经历，或是自己的亲身感受，而他们中的很多人签订的都是没有保障的零时工合同：

我在一家药店工作，条件一点也不好。你或许会以为，药店里的工作会和药物以及处方有关。我们的确会干这一类活，但还有20%的工作时间我们都在打扫卫生。我们接受这份工作，可不是为了来打扫卫生的。而且我们只能拿到最低工资。另外，老板还希望我们随叫随到，无论任何时间。

“零时工合同根本就是在把人当奴隶。你是有了一份工作，可是你根本不知道自己要工作多长时间。只有当某个小伙子（或是老太太）让你收工时，你才能收工。我认为零时工合同应该被禁止。”他们亲身体会到了不安感，这与更加安稳、更具专业性的工作形成了鲜明的对比，进而凸显出，财富能够为你带来安全感，能够帮助你掌控自己的工作。而决定你属于哪个阶级的，也正是这一点：

和子承父业相比，我更愿意当个律师。我百分之一千万地肯定。如果可以的话，我将许下这一愿望。因为律师一年能挣上6万英镑。你可以买一幢漂亮的房子，生活也很安稳。如果你是个优步司机，就不可能感到安稳。你会觉得，只有再多跑几单，心里才感到踏实。

教育

阶级问题绝非仅仅与工作相关。在讨论住房、教育或是全球不平等等问题时，人们总是会提到，工作所造成的阶级分化总是会在生活中的其他方面显现出来。人们最为在意的问题似乎是教育以及学校系统的不公。“毕业于私立学校的那些人家境殷实，成绩自然也更优秀，于是我们就只能上公立学校了。尽管智商差不多，但我们享受不到那么多资源。”

他们还认为，私立学校和精英大学有助于家境优渥者出人头地。这并不是因为这些机构能提供更优质的教育，而是因为它们能帮助你结交对的人：

> 工人阶级会受到牛津大学这一类教育机构的歧视。这些学校全都是为精英服务的。它们其实是社交场所，帮助精英相互结识。精英们就是这样保持联系的。到头来，如果你能受到精英的赏识，那么你将不必努力工作，自然会有人拉你一把。

住房

正如我们在本书第七章中看到的，住房已经成为一种商品——不再是供人居住的家园，而成了为人谋利的资产。许多学生都讲述了住房危机对自己造成的严重影响，揭露出不公正的住房市场会令他们本就不利的处境雪上加霜。一名男学生在说起考大学一事时表示：“我和弟弟共住一个房间，因此我没法好好复习。”另外一名受访者则讲述了住房成为商品对她所造成的影响：

我的朋友不得不搬家，因为她负担不起这一片地区的房租了。搬家之后，她上下班将既费力又费钱。她和我们一样，也是工人阶级家庭出身。所以说住房危机对我们这一代人都产生了影响，只不过人们不愿意谈论这一问题而已。这种情况也可能发生在我头上，不过我还算走运。

全球不平等

阶级分化是一种全球现象，远不是英国的特产。许多和我交谈过的年轻人都是第一代、第二代或第三代移民。他们都强烈地感到，“全球南方”与“全球北方”之间的不平等状况，塑造了其自身的阶级认同与阶级感知。下面这位学生描述了自己与“老乡”在阶级地位上的差别（这位学生的家乡是孟加拉国）：

在我的祖国，工人阶级指的是自行车夫与三轮车夫这类人。为了养家糊口，他们整天都得工作。相较之下，我们赚的钱足以保证自己在接下来的几天之内都能吃饱饭。但家乡的那些人必须每天工作才能吃上饭。我们和他们的处境是不同的。

直面阶级问题

从前文引用的言论中我们可以发现，在许多年轻人看来，阶级体系都是抽象和不公的，具有惩戒性，在与自己作对。那么针对这一体系，人们又想做些什么呢（假如他们真有这种想法的话）？

> 我们什么也做不了。我想，只要社会还照旧运转下去，由堕落的家伙掌权，想方设法要让我们这些人得不到想要的东西，我们就无能为力。我们显然也想奋斗，也想出人头地。但那些家伙是不会让我们遂愿的，因为他们只顾着自己。除非我们能登上社会之巅，但这是不可能的。这种事情根本不可能发生。
>
> 有时候一想到该如何作出改变，我就会退缩，因为这实在是太艰难了。为了过上想要的生活，我们已经有太繁重的工作需要做了。我不知道该怎么办，对此也不感兴趣。

面对结构性的不平等，许多年轻人都感到很悲观，认为现状不可能改变。但就连那些显得沮丧与麻木的受访者，也会流露出奋起反击的欲望。抵抗的方式不在于遵守游戏规则，通过更加辛勤地工作来改善自己的境遇。他们更想改变游戏规则，进而改善所有人的境遇。“哪怕你通过努力出人头地了，也总会有人补上你留下的空缺，被你踩在脚下，忍受你曾体会过的痛苦。所以，我想最好从这一点开始做起：先把手头的事情料理好，然后再操心如何往上攀升。”

如果你只想着找一份更好的工作，那就解决不了任何问题，这只会令你的生活更加艰难，因为如今找工作的人越来越多，谁能保证你就可以找到一份工作？谁又能保证你就可以找到一份更好的工作？为什么不干脆把手头这份工作弄得更好一些？这样一来，后来人就能接手更好的工作了。

他们还相信，要想让现状发生改变，人们就必须团结起来。用一名学生的话来说就是：“个人要想改善工作条件，实在是过于困难了。这需要成千上万人共同努力。”另外一名学生则希望借鉴女性主义运动和性少数群体运动的成功之道：

为同性恋者争取权利的运动就是个榜样。这些人士依旧需要通过发起抗议和推动积极的变革，来发出自己的声音，并激发“滚雪球效应”。或者以争取普选权的运动为例。这些人士的表现有些咄咄逼人，可她们必须大声地提出自己的主张，这样一来民众以及国家机器才能听到她们的声音。

他们认为，集体行动的力量有赖于参与者团结一致、相互支持。我采访过的许多年轻人都成长于工人阶级社区，他们往往认为，“团结”指的就是对与自己背景相似者怀有“同理心”。“如果你生活在低收入社区，知道人们为了维持生活、为了赚钱、为了养育家庭，过得有多么艰辛，你就会对他们怀有同理心……我们了解他们处于怎样的境地。”

团结面临的障碍

许多人都认为，要想改善自己的境遇，对阶级不平等发起挑战，最佳途径莫过于团结起来、共同斗争。不过话虽如此，他们也提到还存在许多障碍，会导致人们无法采取集体行动。总体而言，他们的看法是，零敲碎打的社会变革进展过于缓慢，无助于解决他们生活中那些迫在眉睫的问题。一名大学生说道，“这将花费很长时间”。另外一名大学生也表示，任何成果“都将耗费多年时间”。此外令他们感到不安的是，权力集中在精英手中的局面显得如此牢靠、坚不可摧：“那些继承了财富的人上人，与无法像他们那样获得鼎力支持的其他人相比，永远会处于优势地位。”不过在他们看来，集体行动面临的最为常见和直接的障碍，还是要数这样一种让所有人在某些时刻都会感受到的恐惧心理：“人们都很害怕，不敢大声反驳雇主，因为他们担心会被炒鱿鱼，这样一来生计就没有着落了。”

“如果你敢反对，他们就会解雇你，再找个听话的人取而代之。”

增强集体力量

年轻人提到了集体行动面临的种种障碍，这一点十分重要。无论是对于丢掉工作的恐惧，还是精英手中无比强大的权势，都足以迫使我们承认这句老话说得对：“强者往往可以为所欲为，弱者则只能逆来顺受。”但是我们必须牢记这一点：这些障碍既不新鲜，也并非坚不可摧。过去人们曾克服过这些障碍，如今我们也能够再次做到这一点。我们常常被告知，存在于世界上的各种阶级差别都是不可避免的。但正如我们已经看到的，无论是带薪休假、双休日还是福利保障，如今我们享受到的种种权益，都要归功于前人组织起来，向当时的现状发起了挑战，要求改善自己的生活。当面对系统性的不公时，人们总是会奋起反击。

与从前相比，无论是为了阻止财富源源不断地向超级富豪涌去，还是为了制止精英将住房危机的责任甩给移民，我们都更加需要掀起一场强大的、反对种族歧视的、支持女性权利的运动。有时候我们难免会感到绝望和恐惧，但要想改变动荡不安的外在世界与内心世界，最佳方式就莫过于携起手来、挺身而出。这既是为了你自己，也是为了你周围的其他人。

注 释

前 言 阶级：英国打造的热销“出口品”

1 Jacobus Hermanus Antonius van der Velden, *Strikes Around the World, 1968–2005:Case-studies of 15 Countries* (Amsterdam: Amsterdam University Press, 2007).

2 Christina Beatty and Stephen Fothergill, *Jobs, Welfare and Austerity: how the destruction of industrial Britain casts a shadow over the present-day public finances*, project report (Sheffield: Centre for Regional, Economic and Social Research, Sheffield Hallam University, 2016).

3 Ibid., p. 4.

4 www.ft.com/content/3f6e9d7c–98bb–11e7–a652–cde3f882dd7b (last accessed 09/2019).

5 From 2012 interview on the *Today* programme. www.theguardian.com/politics/blog/2012/oct/08/curtains–closed–blinds–down–george–osborne, (last accessed 09/2019).

第一章 对立：资本与劳动

1 Trevor Noah, 'Trevor Noah on Growing Up in South Africa Under Apartheid', Lit Hub (2016). https://lithub.com/trevor–noah–on–growing–up–in–south–africa–underapartheid(last accessed 09/2019).

2 Anna Vassall, 'Tuberculosis South Africa Perspectives', (Post–2015 Development Agenda) www.copenhagenconsensus.com/sites/default/files/south_africa_tuberculosis_resouce_packet.pdf (last accessed

09/2019).

3 www.theguardian.com/world/2015/may/19/marikana–massacre–untold–storystrike–leader–died–workers–rights (last accessed 09/2019).

4 Ibid.

5 https://londonminingnetwork.org/2019/03/press–release–lonmins–profits–riseas–marikana–community–continues–to–suffer (last accessed 09/2019).

6 www.thebureauinvestigates.com/stories/2013–11–24/questions–raised–aboutrole–of–british–company–in–south–african–mining–massacre (last accessed 09/2019).

7 www.lonmin.com/reports/2012/online_annual_report_2012/pdfs/Lonmin_AR2012.pdf (last accessed 03/2019).

8 www.theguardian.com/world/2015/may/19/marikana–massacre–untold–storystrike–leader–died–workers–rights

9 Peter Alexander, 'Marikana autopsy of a cold–blooded massacre', *Journal des anthropologues*, 136–7, (2014): 353–69.

10 Ibid.

11 www.iol.co.za/news/the–murder–fields–of–marikana–1373581 (last accessed 09/2019).

12 www.theguardian.com/world/2015/may/19/marikana–massacre–untold–storystrike–leader–died–workers–rights

13 Ibid.

14 John Wright, *Southern Africa before Colonial Times*, Oxford Research Encyclopedias (2017) https://oxfordre.com/africanhistory/africanhistory/view/10.1093/acrefore/9780190277734.001.0001/acrefore–9780190277734–e–92.

15 Harvey M. Feinberg, 'The 1913 Natives Land Act in South Africa: Politics, Race, and Segregation in the Early 20th Century', *The International Journal of African Historical Studies* 26, no. 1 (1993): 65–109.

16 John Wright, *Southern Africa before Colonial Times*.

17 William Beinart and Peter Delius, 'The Historical Context and Legacy of the Natives Land Act of 1913', *Journal of Southern African Studies* 40, no. 4 (2014): 667–88.

18 The Natives Land Act of 1913, South African History Online (2013) www. sahistory.org.za/article/natives–land–act–1913 (last accessed 09/2019).

19 www.bbc.co.uk/news/business–19300420 (last accessed 09/2019).

20 www.gov.uk/government/publications/south–africa–platinum–strike–

ends-june-2014/south-africa-platinum-strike-ends-june-2014 (last accessed 09/2019).

21 Jason Hickel, *The Divide: A Brief Guide to Global Inequality and its Solutions* (William Heinemann, 2017).

22 Mark Curtis, *The New Colonialism: Britain's scramble for Africa's energy and mineral resources*, War on Want, report (2016) https://waronwant.org/sites/default/files/TheNewColonialism.pdf.

23 www.theguardian.com/world/2013/jan/06/marikana-mine-massacre-britishlawyer (last accessed 09/2019).

第二章 工作：少即是多

1 多莉·帕顿（Dolly Parton）的歌曲《朝九晚五》（*9 to 5*）反映了波士顿的一群女性职员为争取合理工资和平等待遇而进行的斗争。

2 Dolly Parton, '9 to 5'.

3 www.theguardian.com/careers/2015/oct/19/are-young-people-working-too-hard (last accessed 09/2019).

4 www.tuc.org.uk/research-analysis/reports/future-works-working-people (last accessed 09/2019).

5 Will Stronge and Aidan Harper, *The Shorter Working Week: A radical and pragmatic proposal* (Autonomy Research, 2019).

6 Dolly Parton, '9 to 5'.

7 Nick Clark and Eva Herman, 'Unpaid Britain: wage default in the British labour market', Middlesex University, Report (2017) www.mdx.ac.uk/__data/assets/pdf_file/0017/440531/Final-Unpaid-Britain-report.pdf?bustCache=35242825 (last accessed 09/2019).

8 www.gov.uk/holiday-entitlement-rights (last accessed 09/2019).

9 www.bbc.com/worklife/article/20141106-the-no-vacation-nation (last accessed 09/2019).

10 Sandra Dawson, 'Working-Class Consumers and the Campaign for Holidays with Pay', *Twentieth Century British History* 18, no. 3, (2007): 277–305.

11 Dolly Parton, '9 to 5'.

12 www.ons.gov.uk/employmentandlabourmarket/peopleinwork/employmentand employeetypes/bulletins/uklabourmarket/september2017 (last accessed 09/2019).

13 www.theguardian.com/uk-news/2018/apr/23/number-of-zero-hours-contractsin-uk-rose-by-100000-in-2017-ons (last accessed 09/2019).

14 ONS, *UK labour market: September 2017* (Labour Force Survey, 2017).
15 Katherine Chapman and Stuart Wright, *Living Hours Report* (Living Wage Foundation, 2019).
16 Helen Barnard, *UK Poverty 2018*, (The JRF Analysis Unit, The Joseph Roundtree Foundation, 2018) www.jrf.org.uk/report/uk-poverty-2018.
17 Pascale Bourquin, Jonathan Cribb, Tom Waters and Xiaowei Xu, *Living standards, poverty and inequality in the UK: 2019* (The Institute for Fiscal Studies, Report, 2019).
18 Dolly Parton, '9 to 5'.
19 www.ons.gov.uk/peoplepopulationandcommunity/healthandsocialcare/health inequalities/bulletins/healthstatelifeexpectanciesbyindexofmultipl edeprivation imd/2015to2017 (last accessed 09/2019).

第三章　性别：当心，男女有别！

1 Monica Costa Dias, Robert Joyce and Francesca Parodi, *The gender pay gap in the UK: children and experience in work* (The Institute of Fiscal Studies, working paper,2018).
2 Dawn Foster, *Lean Out* (Repeater, 2016), pp. 1-87.
3 Ibid.
4 有人认为，"同工不同酬"的确是导致男女收入存在差距的原因之一，见：www.ons.gov.uk/employmentandlabourmarket/peopleinwork/earningsandworkinghours/articles/understandingthegenderpaygapinthe uk/2018-01-17 (last accessed 09/2019)。另外一些人则认为这一因素并没有那么重要，见：Benjamin Frost, Peggy Hazard, Dési Kimmins, *The real gap: fixing the gender pay divide* (Korn Ferry, report, 2016)。
5 D. Kamerade and H. Richardson, *Gender segregation, underemployment and subjective wellbeing in the UK labour market* (University of Salford, 2017). This version is available at: http://usir.salford.ac.uk/id/eprint/42283.
6 Wendy Olsen, Vanessa Gash, Sook Kim, Min Zhang, *The gender pay gap in the UK: evidence from the UKHLS* (Government and Equalities Office, Social Sciences in Government, Research Report, May 2018).
7 www.nytimes.com/2019/02/13/magazine/women-coding-computerprogramming.html (last accessed 09/2019).
8 Jamie Woodcock, *Marx at the Arcade* (Haymarket Books, London, 2019).
9 Sarah-Marie Hall et al., *Intersecting inequalities: The impact of austerity*

on Black and Minority Ethnic women in the UK, (Women's Budget Group, Runnymede Trust, Coventry Women's Voices, RECLAIM, 2017).

10 Allan Fisher and Jane Margolis, *Unlocking the Clubhouse: Women in Computing* (The MIT Press, 2002).

11 www.ifs.org.uk/publications/10356.

12 Jason Hickel, *The Divide: A Brief Guide to Global Inequality and its Solutions* (William Heinemann, 2017).

13 Karl Polanyi, *The Great Transformation* (1944).

14 Silvia Federici, *Caliban and the Witch Women, The Body And Primitive Accumulation* (Autonomedia, 2014).

15 Silvia Federici, *Wages Against Housework* (Falling Wall Press Ltd, 1975).

16 Will Stronge and Aidan Harper, *The Shorter Working Week: A radical and pragmatic proposal* (Autonomy, Autonomy Research, 2019).

17 www.ons.gov.uk/employmentandlabourmarket/peopleinwork/earningsandworkinghours/articles/womenshouldertheresponsibilityofunpaidwork/2016−11−10,(last accessed 09/2019).

18 Reni Eddo−Lodge, *Why I'm No Longer Talking to White People About Race* (Bloomsbury Publishing, London, 2017).

第四章　财富：谁想成为亿万富翁?

1 Adam Smith, *The Theory of Moral Sentiments* (Kessinger Publishing, 2010).

2 www.forbes.com/sites/willyakowicz/2019/03/09/how−the−worlds−billionaires−got−so−rich/#7d8b42f6ae6e (last accessed 09/2019).

3 www.globalwitness.org/en/blog/gertler−received−and−distributed−millionsbribes−connection−drc−mining−deals−court−papers−allege (last accessed 09/2019).

4 www.bbc.co.uk/news/world−us−canada−46282173 (last accessed 09/2019).

5 www.npr.org/sections/thetwo−way/2012/09/05/160614909/asias−richestwoman−slammed−after−musing−about−workers−paid−2−a−day?t=1562602296282 (last accessed 09/2019).

6 www.cnbc.com/2017/09/21/warren−buffet−is−the−most−charitable−billionaire. html (last accessed 09/2019).

7 https://www.forbes.com/sites/willyakowicz/2019/03/09/how−the−worlds−billionaires−got−so−rich.

8 http://news.bbc.co.uk/1/hi/2817995.stm (last accessed 09/2019).

9 www.coca-colacompany.com/stories/i-like-to-bet-on-sure-things-warrenbuffett-on-why-hell-never-sell-a-share-of-coke-stock (last accessed 09/2019).

10 Ibid.

11 www.investopedia.com/articles/markets/081315/look-cocacolas-advertising-expenses.asp (last accessed 09/2019).

12 1986—2003年，共有超过4000名工会成员被杀害。见本章注释14。

13 www.theatlantic.com/health/archive/2010/10/the-pause-that-represses-cocacolas-controversies/64456 (last accessed 09/2019).

14 L. Gill, 'Right There with You': Coca-Cola, Labor Restructuring and Political Violence in Colombia', *Critique of Anthropology* 27, no. 3, (2007): 235–60.

15 www.iuf.org/w/?q=node/5794 (last accessed 09/2019).

16 www.fairlabor.org/tr/node/2161 (last accessed 09/2019).

17 www.iuf.org/ccww/?q=node/798 (last accessed 09/2019).

18 https://witnessforpeace.org/coca-colas-new-bottling-plant-threatens-workersrights-in-colombia (last accessed 09/2019).

19 https://fortune.com/2014/11/25/coca-cola-capitalism (last accessed 09/2019).

20 www.oxfamamerica.org/static/media/files/Broken_at_the_Top_FINAL_EMBARGOED_4.12.2016.pdf (last accessed 09/2019).

21 www.theatlantic.com/health/archive/2010/10/the-pause-that-represses-cocacolas-controversies/64456.

22 www.nytimes.com/2019/05/05/business/warren-buffett-capitalism.html, (last accessed 09/2019).

23 http://longreads.tni.org/state-of-power-2019/concentrating-wealth-and-power (last accessed 09/2019).

24 Jason Hickel, *The Divide: A Brief Guide to Global Inequality and its Solutions* (William Heinemann, 2017), p. 58.

25 www.nytimes.com/2006/11/26/business/yourmoney/26every.html (last accessed 09/2019).

第五章　文化："阶级难题"与"阶级天花板"

1 《爱之岛》节目的观众超过半数都来自16—34岁这一年龄段，这正是电视节目最难以吸引的群体。

2 《爱之岛》节目的参赛者是一群追求爱情、艳遇或是在网上爆红的年轻单身男女。观众投票选出的优胜情侣能够获得5万英镑奖金。

3 丹尼·戴尔在戏剧界的导师实际上是诺贝尔文学奖得主、剧作家兼诗人哈罗德·品特（Harold Pinter）。

4 丹尼·戴尔显然认为自己与该剧的编剧出身于不同阶级。他曾表示：“编剧的中产阶级色彩太重，于是我经常修改对白，这可把他们吓坏了。当听到‘boat race’（在考克尼俚语中，‘boat race’指的就是‘face’）一词后，他们还开了个会。”

5 www.mirror.co.uk/news/uk-news/alan-sugar-says-no-poor-6564425 (last accessed 09/2019).

6 The Sutton Trust, *Elitist Britain 2019 The educational backgrounds of Britain's leading people* (The Sutton Trust and Social Mobility Commission, 2019).

7 Social Mobility Commission, *State of the Nation 2017: Social Mobility in Great Britain* (November 2017).

8 Sam Friedman and Daniel Laurison, *The Class Ceiling: Why it Pays to be Privileged* (Policy Press, 2019).

9 Ibid, p. 52.

第六章　环境：“一抔死土”

1 www.washingtonpost.com/graphics/2018/national/california-wildfires-maps/(last accessed 09/2019).

2 David Wallace-Wells, *The Uninhabitable Earth: A Story of the Future* (Penguin,2019).

3 www.theatlantic.com/technology/archive/2018/11/kim-kardashian-kanye-westhistory-private-firefighting/575887 (last accessed 09/2019).

4 www.nbcnews.com/storyline/western-wildfires/wildfire-prone-states-wealthypay-have-private-firefighters-protect-their-n869061 (last accessed 09/2019).

5 10 years after the crash, *JOE CASSANO*, https://10yearsafterthecrash.com/people/joe-cassano/ (last accessed 09/2019).

6 www.muckrock.com/news/archives/2018/aug/14/ca-firefighters-prison-labor (last accessed 09/2019).

7 www.nytimes.com/2013/08/11/opinion/sunday/californias-continuing-prisoncrisis.html (last accessed 09/2019).

8 Ruth Wilson Gilmore, *Golden Gulag: Prisons, Surplus, Crisis, and Opposition in Globalizing* (University of California Press, 2007).

9 www.gobankingrates.com/making-money/economy/states-that-spend-more-onprisons-than-education (last accessed 09/2019).

10 Angela Davis and Cassandra Shaylor, 'Race, Gender, and the Prison Industrial Complex: California and Beyond', *Meridians* 2, no. 1,

(2001): 1–25.
11 David Wallace–Wells, *The Uninhabitable Earth: A Story of the Future* (Penguin,2019).
12 www–cdn.oxfam.org/s3fs–public/file_attachments/mb–extreme–carbon–inequality–021215–en.pdf.
13 https://worldat1c.org/our–house–has–been–on–fire–for–over–500–years–97fc–668dc400 (last accessed 09/2019).
14 T. A. Boden, G. Marland, and R. J. Andres, *Global, Regional, and National Fossil-Fuel CO2 Emissions* (Carbon Dioxide Information Analysis Center, Oak Ridge National Laboratory, 2011).
15 David Wallace–Wells, *The Uninhabitable Earth: A Story of the Future* (Penguin,2019), p. 86.
16 Ibid.
17 Ibid.
18 Ibid.

第七章　住房："你若还不起贷，我就夺走房子"

1 www.gov.uk/government/speeches/home–secretary–speech–on–an–immigration–system–that–works–in–the–national–interest (last accessed 09/2019).
2 www.theguardian.com/housing–network/2016/jan/25/is–immigration–causing–the–UK–housing–crisis (last accessed 09/2019).
3 Ibid.
4 https://positivemoney.org/issues/house–prices.
5 Gregory Zuckerman, *The Greatest Trade Ever*, (Crown Publishing Group, 2009).
6 Adam Tooze, *Crashed: How a Decade of Financial Crises Changed the World*, (London:Allen Lane, 2019).
7 www.forbes.com/billionaires/#2e1e4e35251c, (last accessed 09/2019).
8 Adam Tooze, *Crashed: How a Decade of Financial Crises Changed the World*, p. 163.
9 www.businessinsider.com/heres–where–those–who–lost–homes–during–the–ushousing–crisis–are–now–2018–8?r=US&IR=T, (last accessed 09/2019).
10 Adam Tooze, *Crashed: How a Decade of Financial Crises Changed the World*, p. 157.
11 https://www.bloomberg.com/opinion/articles/2013–02–20/why–should–tax payers–give–big–banks–83–billion–a–year– (last

accessed 09/2019).

12 Rowland Atkinson, 'Necrotecture: Lifeless Dwellings and London's Super Rich',*The International Journal of Urban and Regional Research* 43, no. 1, (January 2019):2–13.

13 S. Fitzpatrick, H. Pawson, G. Bramley, S. Wilcox, B. Watts and J. Wood, *The Homelessness Monitor: England 2018* (London: Crisis, 2018).

14 www.theguardian.com/society/2016/jan/04/end-of-council-housing-billsecure-tenancies-pay-to-stay (last accessed 09/2019).

15 www.lrb.co.uk/v36/n01/james-meek/where-will-we-live (last accessed 09/2019).

16 Josh Ryan–Collins, *Why Can't You Afford a Home*? (The Future of Capitalism)(Polity Press, 2018).

17 www.theguardian.com/money/2015/jan/12/the-housing-crisis-in-charts (last accessed 09/2019).

18 David Willetts et al, *A New Generational Contract: The final report of the Intergenerational Commission* (Resolution Foundation, 2018).

19 Richard Best and Anya Martin, *Rental Housing For An Ageing Population*, APPG Housing and Care for Older People, government report (July 2019).

20 www.theguardian.com/commentisfree/2019/jul/17/housing-britain-landlord-tenants,(last accessed 09/2019).

第八章　权威机构：学校、监狱与福利国家

1 www.dailymail.co.uk/news/article-5874703/St-Pauls-Girls-School-slammedserving-pupils-baked-potatoes-beans-AUSTERITY-DAY-lunch.html (last accessed 09/2019).

2 www.hrw.org/report/2019/05/20/nothing-left-cupboards/austerity-welfare-cutsand-right-food-uk, (last accessed 09/2019).

3 Rachel Loopstra and Doireann Lalor, *Financial insecurity, food insecurity, and disability:The profile of people receiving emergency food assistance from The Trussell Trust Foodbank Network in Britain*, University of Oxford's Economic and Social Research Council Report (2017).

4 The Sutton Trust, *Elitist Britain 2019 The educational backgrounds of Britain's leading people*, Report, The Sutton Trust and Social Mobility Commission (2019).

5 Ibid.

6 www.theguardian.com/news/2018/aug/24/the-only-way-to-end-the-classdivide-the-case-for-abolishing-private-schools, (last

accessed 09/2019).
7 Pasi Sahlberg, *Finnish Lessons: What Can the World Learn from Educational Change in Finland? (The Series on School Reform)* (Teachers' College Press, 2012).
8 Paul Bolton, *Grammar School Statistics* (House of Commons Library, Briefing Paper, no. 1398, 2017).
9 Stig Abel, *How Britain Really Works: Understanding the Ideas and Institutions of a Nation* (John Murray, 2019).
10 Diane Raey, *Miseducation: Inequality, education and the working classes,* Policy Press, 2017.
11 Ibid.
12 Kiran Gill, with Harry Quilter−Pinner and Danny Swift, *Making the difference:Breaking the link between school expulsions and social exclusion* (The Institute for Public Policy Research, 2017).
13 Akala, *Natives: Race and Class in the Ruins of Empire* (Two Roads, 2019).
14 Edward Timpson, *Timpson Review of School Expulsion*, government review (2019).
15 www.ft.com/content/58775414−de5a−11e7−a8a4−0a1e63a52f9c, (last accessed 09/2019).
16 www.theguardian.com/commentisfree/2012/dec/12/hsbc−prosecution−fine−money−laundering (last accessed 09/2019).
17 https://financialservices.house.gov/uploadedfiles/07072016_oi_tbtj_sr.pdf.
18 Nicholas Shaxson, *The Finance Curse: How global finance is making us all poorer* (Random House, 2018).
19 英格兰及威尔士的囚徒人数在西欧独占鳌头，比意大利和西班牙囚徒数量的3倍还要多。Prison Reform Trust, *Prison: the facts Bromley Briefings Summer 2019*, report (2019).
20 www.vice.com/en_us/article/a38a45/britains−upper−classes−are−less−likely−tobe−busted−for−drugs (last accessed 09/2019).
21 David Lammy, *The Lammy Review: An independent review into the treatment of,and outcomes for, Black, Asian and Minority Ethnic individuals in the Criminal Justice System*, government review (2017).
22 Grace Rahman, *Prison or Eton: which costs more?* (Full Fact: The UK's Independent Factchecking Charity, 2018).
23 Angela Davies, *Masked racism: reflections on the prison industrial complex, Indigenous Law Bulletin* 4, no. 27, (Feb 2000): 4–7.
24 Frances Ryan, *Crippled: Austerity and the Demonization of Disabled People* (Verso,2019).

25 www.mirror.co.uk/news/politics/dwp-extends-maximus-fit-work-14089513 (last accessed 09/2019).

26 www.centreforwelfarereform.org/uploads/attachment/354/a-fair-society.pdf (last accessed 09/2019).

27 www.telegraph.co.uk/news/politics/9263502/Iain-Duncan-Smith-Im-notscared-to-light-the-fuse-on-disability-reform.html (last accessed 09/2019).

28 Frances Ryan, *Crippled: Austerity and the Demonization of Disabled People.*

29 Dan Bloom, *DWP extends Maximus fit-for-work tests contract as huge benefits change revealed* (2019).

30 www.theguardian.com/commentisfree/2016/dec/27/taxpayers-cash-should-goto-needy-ends-up-atos-capita, (last accessed 09/2019).

31 Frances Ryan, *Crippled: Austerity and the Demonization of Disabled People.*

32 Ibid.

33 Stephen Clarke, Adam Corlett, David Finch, Laura Gardiner, Kathleen Henehan,Daniel Tomlinson and Matt Whittaker, *Are we nearly there yet? Spring Budget 2017 and the 15 year squeeze on family and public finances,* Resolution Foundation briefing (2017).

34 2013年，奥斯本将针对收入最高阶层的所得税率从50%降到了45%。对于百万富翁来说，这可是个好消息。有研究发现，在2013—2018年，富人人均因此省下了55.4万英镑，政府则损失了86亿英镑税款。2010年时的公司税税率为28%，和经济合作与发展组织（OECD）的平均水平相当，但远低于美国的近40%。然而，奥斯本在卸任前为这些公司又奉上了一份大礼：他下调了公司税税率，到2020年时，税率降至17%。政府因此又损失数十亿英镑税收。

35 www.theguardian.com/business/2015/apr/26/recession-rich-britains-wealthiest-double-net-worth-since-crisis (last accessed 09/2019).

36 www.ohchr.org/documents/issues/poverty/eom_gb_16nov2018.pdf (last accessed 09/2019).

37 Ibid.

第九章　种族：“我从未想过‘阶级’概念也适用于黑人”

1 www.runnymedetrust.org/uploads/publications/We%20Are%20Ghosts.pdf (last accessed 09/2019).

2 英国乃至世界范围内种族与阶级问题的历史极为复杂，短短一章的篇幅不足以阐述清楚。想要了解更多内容，推荐阅读下列作品：Peter Fryer,

Staying Power: The History of Black People in Britain (Pluto Press, 2018) and Robbie Shilliam, *Race and the Undeserving Poor* (Agenda Publishing, 2018)。

3 W. Billings, 'The Law of Servants and Slaves in Seventeenth–Century Virginia',*The Virginia Magazine of History and Biography* 99, no. 1, (1991): 45–62.

4 S. Virdee, 'Racialized capitalism: An account of its contested origins and consolidation',*The Sociological Review* 67, no. 1, (2019): 3–27.

5 Ibid.

6 Asad Haider, *Mistaken Identity, Race and Class in the Age of Trump* (Verso, 2018),p. 52.

7 S. Virdee, *Racialized capitalism.*

8 Ibid.

9 www.theguardian.com/commentisfree/2015/sep/08/european–racism–africa–slavery (last accessed 09/2019).

10 就连欧洲人也被分成不同种族，诸如北欧人、罗马人、高卢人、斯拉夫人和闪米特人。甚至有人认为，"一个国家是优越还是低劣，取决于其境内优等种族与劣等种族的混杂程度"。S. Virdee, *Racialized capitalism.*

11 有大量著作都倡导这一观点，见：Robin Blackburn, *The Making of New World Slavery: From the Baroque to the Modern, 1492–1800* (Verso, 2010) and Sidney W. Mintz, *Sweetness and Power: The Place of Sugar in Modern History* (Penguin, 1986)。

12 Sidney W. Mintz, *Sweetness and Power: The Place of Sugar in Modern History.*

13 这与如今英国人从糖中摄取的卡路里量相当。Jason Hickel, *The Divide: A Brief Guide to Global Inequality and its Solutions* (William Heinemann, 2017).

14 Hilda Kean, 'Where Is Public History?' in *A Companion to Public History*, edited by David Dean (John Wiley & Sons Ltd., 2018).

15 Peter Fryer, *Staying Power: The History of Black People in Britain* (Pluto Press,2018).

16 www.nationalarchives.gov.uk/slavery/pdf/britain–and–the–trade.pdf, (last accessed 09/2019).

17 S. Virdee, *Racialized capitalism.*

18 www.theguardian.com/tv–and–radio/2019/jun/24/the–unwanted–the–secretwindrush–files–review–who–could–feel–proud–of–britain–after–this (last accessed 09/2019).

19 Akala, *Natives: Race and Class in the Ruins of Empire*, Two Roads, 2019.

20 www.theguardian.com/commentisfree/2018/mar/04/commonwealth–immigrants–act–1968–racism (last accessed 09/2019).

21 Ibid.

22 Akala, *Natives: Race and Class in the Ruins of Empire.*

23 Kenan Malik, *Racist rhetoric hasn't been consigned to Britain's past.*

24 www.bbc.co.uk/news/uk-england-london-37244466 (last accessed 09/2019).

25 www.youtube.com/watch?v=oIrr5e2mHzI (last accessed 09/2019).

26 这并非他的真名，而是媒体使用的化名。

27 相关法律的修改恰恰发生在汤普森走进医院的前一个月，于是他便沦为了这一改动的受害者。

28 www.theguardian.com/society/2018/nov/13/cancer-patient-died-after-nhsdemanded-30000-for-treatment (last accessed 09/2019).

29 特蕾莎·梅在2012年接受《每日电讯报》(*Telegraph*)采访时首次使用了这一说法。

30 公共部门的工作人员开展了各项运动，反对“营造敌意满满的环境”。“医生不是警察”(Docs Not Cops)这一运动就是其中的一个例子。更多信息见：www.docsnotcops.co.uk。

31 www.ohchr.org/EN/NewsEvents/Pages/DisplayNews.aspx?NewsID=23073&LangID=E (last accessed 09/2019).

32 www.theguardian.com/commentisfree/2019/mar/03/the-guardian-view-on-the-hostile-environment-the-right-to-rent-and-other-wrongs (last accessed 09/2019).

33 www.independent.co.uk/voices/working-class-culture-race-not-as-white-as-you-would-like-to-think-a7903421.html (last accessed 09/2019).

34 比如说，只有当某人允许政府任意将自己迁往英国其他地区时，政府才会为其发放福利。

35 www.theguardian.com/society/2019/jun/25/scrap-upfront-nhs-charges-for-migrants-says-bma (last accessed 09/2019).

36 Peter Phillips, *Giants: The Global Power Elite* (Seven Stories Press, 2018).

37 Reni Eddo-Lodge, *Why I'm No Longer Talking to White People About Race* (London:Bloomsbury Publishing, 2017).

38 Asad Haider, *Mistaken Identity, Race and Class in the Age of Trump* (Verso, 2018),p. 88.

延伸阅读

关于阶级

Charles Umney, *Class Matters: Inequality and Exploitation in 21st Century Britain* (Pluto Press, 2018).

全球不平等

Frantz Fanon, *The Wretched of the Earth* (Penguin, 2001) and *Black Skin, White Masks* (Penguin, 2020).

Pankav Mishra, *From the Ruins of Empire: The Intellectuals Who Remade Asia* (Penguin, 2013).

Jason Hickel, *The Divide: A Brief Guide to Global Inequality and its Solutions* (Windmill Books, 2017).

工作

Kathi Weeks, *The Problem with Work: Feminism, Marxism, Antiwork Politics, and Postwork Imaginaries* (Duke University Press, 2011).

Juno Mac and Molly Smith *Revolting Prostitutes: The Fight for Sex Workers' Rights* (Verso, 2018).

Jamie Woodcock *Working the Phones: Control and Resistance in Call Centres* (Pluto, 2016).

性别

Dawn Foster, *Lean Out* (Repeater Books, 2016).
Angela Davis, *Women, Race & Class* (Vintage, 2011).
Silvia Federici, *Caliban and the Witch: Women, the Body and Primitive Accumulation* (Autonomedia, 2017).

财富

David Harvey, *Reading Marx's Capital, Volume 1* (Verso, 2010).
Adam Tooze, *Crashed: How A Decade of Financial Crises Changed the World* (Allen Lane, 2018).
Grace Blakeley, *Stolen: How to Save the World from Financialisation*,(Repeater Books, 2019).

文化

Owen Jones, *Chavs: The Demonization of the Working Class* (Verso,2016).
Darren McGarvey, *Poverty Safari: Understanding the Anger of Britain's Underclass* (Picador, 2018).
Sam Friedman and Daniel Laurison, *The Class Ceiling: Why it Pays to be Privileged* (Policy Press, 2019).

环境

Naomi Klein, *This Changes Everything: Capitalism vs the Climate* (Penguin, 2015).
Andreas Malm, *Fossil Capital: The Rise of Steam Power and the Roots of Global Warming* (Verso, 2016).
David Wallace-Wells, *The Uninhabitable Earth: The Story of the Future* (Penguin, 2019).

住房

Raquel Rolnik, *Urban Warfare: Housing Under the Empire of Finance* (Verso, 2019).
Lynsey Hanley, *Estates: An Intimate History* (Granta, 2017).
Josh Ryan-Collins, Toby Lloyd and Laurie Macfarlane, *Rethinking the Economics of Land and Housing* (Zed Books, 2017).

权威机构

Frances Ryan, *Crippled: Austerity and the Demonization of Disabled People* (Verso, 2019).

Angela Y. Davis, *Are Prisons Obsolete?* (Seven Stories Press, 2003).

bell hooks, *Teaching to Transgress: Education as the Practice of Freedom* (Routledge, 1994).

种族

Akala, *Natives: Race and Class in the Ruins of Empire* (Two Roads,2019).

Reni Eddo–Lodge, *Why I'm No Longer Talking to White People about Race* (Bloomsbury, 2017).

Malcolm X, *Autobiography of Malcolm X* (Penguin, 2007).

团结

Jane F. McAlevey, *No Shortcuts: Organizing for Power in the New Gilded Age* (Oxford University Press, 2018).

Pride (2014) – a film about the miners' strike in Britain.

Notes From Below – An online publication about ongoing worker's struggles.

致　谢

我想要感谢Neda Tehrani以及Pluto Press的所有人。是你们使得这一系列丛书成为现实，也是你们为第一次写书的年轻作者提供了出版自己作品的机会。没有哪本书能仅仅归功于作者一人。感谢我的朋友、家人以及一路上采访过的那些出色的年轻人，若非他们的鼎力支持，本书就不可能问世。感谢朋友们对我的启发，我们有过那么多对话，曾一同参加抗议；你们向我讲述过许多工作经历与教训，还经常与我同住，晚间一同外出放松。和你们度过的点点滴滴，令我的生活更为美好。我尤其要感谢帮我构思本书并编辑文字的朋友们，他们是Jack Browne、Jeff Moxom、Laetitia Bouhelier、Lydia Hughes、Jamie Woodcock、Thomas Rabensteiner、Franck Magennis、Hannah Slydel、Anna and Peter Fiennes、Özlem Onaran、

Sam Adams、Matt Dickinson、Ollie Gaughran、Aidan Harper、Ines Heck、Tom Welsh、Joey Martin、Jonny Harper以及Charlie Fox。感谢我为写作本书采访过的所有年轻人，你们鼓舞了我。感谢我采访过的学生们，你们展现了踊跃的政治精神，发出了有力的批判之声。最为重要的是，我还要向Natalie Fiennes表示感谢。在写作本书的过程中，她始终支持着我，若少了她的帮助，哪怕一个句子的措辞都会令我头痛不已。最后，我还要感谢我的家人。感谢父母支持我作出的每一个决定。尤其要感谢我的兄弟Sam，从小他便教会了我要关心政治，要敢于捍卫自己的信念。

图书在版编目（CIP）数据

制造不平等：英国社会的分化与冲突 /（英）本・蒂皮特著；李岩译. —
北京：中国工人出版社，2024.5
书名原文：Split: Class Divides Uncovered
ISBN 978-7-5008-8325-8

Ⅰ. ①制… Ⅱ. ①本… ②李… Ⅲ. ①平等—研究 Ⅳ. ①D081

中国国家版本馆CIP数据核字（2024）第090860号

著作权合同登记号：图字01-2023-2005

First published by Pluto Press, London

制造不平等：英国社会的分化与冲突

出 版 人　董　宽
责任编辑　董芳璐
责任校对　张　彦
责任印制　黄　丽
出版发行　中国工人出版社
地　　址　北京市东城区鼓楼外大街45号　邮编：100120
网　　址　http://www.wp-china.com
电　　话　（010）62005043（总编室）　（010）62005039（印制管理中心）
　　　　　（010）62001780（万川文化出版中心）
发行热线　（010）82029051　62383056
经　　销　各地书店
印　　刷　北京市密东印刷有限公司
开　　本　880毫米×1230毫米　1/32
印　　张　5.625
字　　数　150千字
版　　次　2024年7月第1版　2024年7月第1次印刷
定　　价　46.00元